Johannes Siegmund
**TAUSEND ARCHEN**

Johannes Siegmund

# TAUSEND ARCHEN

Flucht als politische Handlung

Verlag Klaus Wagenbach Berlin

Für meinen Vater, der sein Leben lang
ein Flüchtlingskind geblieben ist.

# EINLEITUNG

Konfrontiert mit Fluchtbewegungen gerät Europa in Panik. Regierungsoberhäupter entsenden Panzer an die Grenzen. Rechtsextreme Parteien und Bewegungen gewinnen Wahlen mit Hasskampagnen und Verschwörungserzählungen vom Untergang des weißen Abendlandes. Europa schließt Abkommen mit autoritären Regimen und Milizen und macht sich von ihnen erpressbar. Großbritannien verlässt die EU. Menschenrechte werden ausgehebelt und Flüchtlingsheime attackiert. Zehntausende Menschen werden in der Wüste und im Meer dem Sterben überlassen. Rassistische Flüchtlingspolitiken sind ein Überbietungswettkampf der Grausamkeit, der die liberalen Demokratien Europas in ihren Grundfesten bedroht und Europa in einen neofaschistischen Teufelskreis der Gewalt führt.

Sind Fluchtbewegungen die Sollbruchstelle der europäischen Demokratien?

Sie müssten es nicht sein. Fluchtbewegungen haben in den letzten Jahrzehnten auch beeindruckende solidarische Bewegungen ausgelöst. Schon Ende der 1990er Jahre protestierten Hunderttausende in Frankreich, Italien und Deutschland gegen rassistische Flüchtlingspolitiken, unterstützten die Flüchtenden in ihren Forderungen nach Abschaffung der Lager, nach Aufenthaltstiteln und Bewegungsfreiheit. Und die Fluchtbewegung von 2015 lässt sich gemeinsam mit der solidarischen Unterstützung als eine der größten sozialen Bewegungen verstehen, die es in Deutschland je gab. Als der Staat von der Ankunft der Flüchtenden überfordert war, sprangen unzählige Menschen ein, leisteten Fluchthilfe, organisierten Lebensgrundlagen, gründeten Netzwerke und NGOs. Viele Flüchtende und ihre Unterstützer:innen sind bis heute durch enge Beziehungen verbunden.

Sicherlich war die Willkommenskultur auch durch paternalistischen Humanitarismus geprägt und kreiste mitunter narzisstisch um das Selbstbild der Europäer:innen. Trotzdem war sie eine politische Bewegung: Gemeinsam mit den Märschen und Protesten der Flüchtenden öffnete sie Debatten über die Grenzen von Demokratie und Menschenrechten, über Rassismus, Fluchtgründe und globale Ungleichheit.

Die Fluchtbewegungen ließen sich nicht einfach paternalistisch weglächeln oder technokratisch verwalten. Schließlich legten sie fundamentale politische Widersprüche offen: Wie kann es sein, dass ein Kontinent, der sich mit der Einhaltung von Menschenrechten und Demokratie brüstet, Zehntausende Menschen an seinen Grenzen sterben lässt? Die Fluchtbewegungen durchlöcherten die sozial-liberale Fassade Europas. Die Bausubstanz, die darunter sichtbar wurde, stammte noch aus Zeiten von Imperialismus und Faschismus und war dementsprechend kaputt. Gemeinsam machten die Fluchtbewegungen und ihre Unterstützer:innen klar, dass eine Kernsanierung notwendig wäre.

Damit reihten sie sich in eine Welle antirassistischer, queer-feministischer und ökologischer Protestbewegungen ein, die die Krisendekade der 2010er Jahre prägten. Die verschiedenen Protestbewegungen wie Ni una Menos, MeToo, Black Lives Matter und Fridays for Future suchten nach Antworten auf die Vielfachkrise und begannen, Gewalt zu thematisieren und Verantwortung einzufordern. Eva von Redecker bündelte all diese Ausformungen als »Revolution für das Leben«.[1]

Wie diese Proteste waren auch die Fluchtbewegungen auf einer alltäglichen Ebene äußerst wirksam, denn sie verschoben die Sensibilität für Gewalt, experimentierten mit neuen Lebensformen und Beziehungsweisen, adressierten Rassismus und Sexismus. Auf einer strukturellen Ebene scheiterten sie jedoch krachend. Ihre radikalen politischen Forderungen nach einer Abschaffung von Polizei und Grenzen, dem Aufbruch in eine neue Geschlechterordnung und einer sozial-ökologischen Transformation verpufften. Obwohl große Teile der Medien und Parteipolitik in den Hochphasen mit den Bewegungen Solidarität bekundeten, hatte letztlich keine Partei den Mut, ihnen treu zu bleiben.[2] Sobald sich die Massenproteste verliefen und die Gegenbewegungen zurückschlugen, knickten die Parteien ein. Das Ausbleiben von strukturellem Wandel und institutioneller Unterstützung ließ die Bewegungen schnell ausbrennen, noch verstärkt durch die aufkommende Covid-Pandemie. Übrig blieb eine gefährliche Leerstelle.

Die Krisen hatten den europäischen Gesellschaften den drohenden gesellschaftlichen Kollaps vor Augen geführt. Die Bewegungen hatten schonungslos aufgezeigt, dass Transformationen im revolutionären Maßstab notwendig sind, um von der Sorgearbeit über globale Gerechtigkeit, Sexismus und Rassismus bis zum Klima eine lebenswerte Zukunft für alle möglich zu machen. Sie hatten die neoliberale und sozialdemokratische Verwaltung auflaufen lassen, die auf wirtschaftliche Desaster mit einem Geldregen für Banken aus Hunderten von Milliarden Euro reagierte. Vor diesem Hintergrund machten die Protestierenden klar: Wenn strukturelle Veränderungen ausblieben, würden sich die Krisen häufen und in einen langsamen Zusammenbruch münden. Der Gipfel des kapitalistischen Wachstums sei überschritten, und nun drohten sozialer Abstieg, Verteilungskämpfe und Kriege.

Die Bewegungen konnten sich dabei nicht nur auf wissenschaftliche Evidenz stützen, sondern auch auf die kollektive Krisenerfahrung. Im ständigen Ausnahmezustand war deutlich geworden, dass die vermeintliche Normalität nicht politisch neutral war, sondern sich auf gewaltvolle Strukturen der Enteignung und Ausbeutung stützte. Die Bewegungen hatten die westliche Lebensweise offensiv in Frage gestellt, von der rohen Bürgerlichkeit gegenüber Flüchtenden bis hin zum SUV und Fernstreckenflug. Die Antwort folgte prompt. Als die Bewegungen die mediale Aufmerksamkeit verloren, folgten gewaltige Gegenbewegungen.

Gestützt von einem sich mit erstaunlicher Geschwindigkeit radikalisierenden Konservatismus stellte die extreme Rechte die Problemlage auf den Kopf. Mit perfider Umkehr von Täter:innen und Opfern erklärten sie, die (alten, männlichen, weißen) Europäer seien nicht das Problem, sondern vielmehr die schuldlosen Opfer all der Krisen. Verantwortung und Schuld lägen bei den anderen. Sie raunten Verschwörungserzählungen, während ihre Slogans ein Zurück zur chauvinistischen Normalität forderten. Grenzschließungen wurden zum Allheilmittel erklärt und die Restauration der Gewaltverhältnisse zwischen Geschlechtern, *races* und Klassen zum politischen Programm. Die Parteien der

Mitte sprangen ebenso wie ein Großteil der Medien brav über ihre Stöckchen und bliesen jede Provokation zu einem Skandal auf.

Heute scheint es so, als müssten sich linke Kräfte zurückziehen und vor den Schlägertrupps schützen, die durch die Straßen ebenso wie durch Social Media ziehen. Themen wie Flucht, Rassismus, Sexismus oder Ökologie werden zunehmend als spalterische Identitätspolitiken diffamiert.

In jedem Fall aber sollen sie hintangestellt werden, um erst einmal die Demokratie zu retten und den Status quo gegen die Angriffe von rechts zu verteidigen. Mit Verweis auf die Zwischenkriegszeit werden Brandmauern und Volksfronten gegen einen neuen Faschismus gefordert. Doch das ist zu kurz gedacht. Brandmauern genügen nicht. Die Feuer müssen bekämpft werden. Es reicht nicht zur Mäßigung aufzurufen, den Rechten ein Zugeständnis nach dem anderen zu machen und auf ein Revival der zombiehaft weitertorkelnden Ideologien von Neoliberalismus und Sozialdemokratie zu hoffen. Die Rechte wird so lange erstarken, bis sie mit glaubwürdigen Alternativen konfrontiert wird.

Rosa Luxemburg brachte die Krisenzeit des Ersten Weltkriegs auf die Formel »Sozialismus oder Barbarei«. Europa steht heute vor einer ähnlichen Entscheidung. Die Situation verlangt mutige Antworten auf die multiple Krise. Wie diese umfassenden Transformationen aussehen könnten, haben die radikal solidarischen Bewegungen und ihre Unterstützer:innen sowohl praktisch erprobt als auch durchdacht und aufgeschrieben. Es gibt einen breiten Kanon der Transformation, der über die Geschlechterverhältnisse von Antirassismus über Finanz- und Wirtschaftssysteme bis hin zu Staaten und internationaler Gemeinschaft mögliche Wege in eine bessere Welt aufzeigt.

In diesen kritischen Kanon reiht sich dieses Buch ein und stellt dabei zwei Grundfragen: Was sind Fluchtbewegungen? Und warum sind sie widerständige politische Bewegungen?

Die Frage nach den Flüchtenden ist die Gretchenfrage Europas geworden. An ihr soll sich entscheiden, was Europa ist:[3] ein politisches Projekt, das Gleichheit, Freiheit und Solidarität verwirklicht und auf einen ewigen Frieden[4] zielt, oder eine rassistische und nationalistische Maschinerie des Ausschlusses und der Ausbeutung.

Sobald die Europäer:innen mit Fluchtbewegungen konfrontiert werden, denken sie fieberhaft über sich selbst nach.[5] Der Ausweg aus dieser Selbstbespiegelung liegt darin, die Perspektive zu wechseln und sich an den Fluchtbewegungen mit ihren radikal solidarischen Politiken zu orientieren. Dieses Buch ist eine Einladung, diesen Ausweg gemeinsam weiter zu erkunden und zu beschreiten.

# ERSTER TEIL: DIE VERTREIBUNGEN DER NATIONALSTAATEN

## Hannah Arendt und der politische Flüchtling

In ihrem Buch *Elemente und Ursprünge totaler Herrschaft*, das 1951 in den USA erschien, beschrieb Hannah Arendt den Flüchtling als eine entscheidende politische Figur. Die Flüchtlinge der Zwischenkriegszeit stellen nach Arendt aus zwei Gründen eine neue Kategorie Vertriebener dar.[6] Zum einen treten sie in Massen auf und werden allein deshalb zum ersten Mal zu einem zentralen Problem nationaler und internationaler Politik. Die Vertreibung von Minderheiten und Bevölkerungen erreicht am Ende des Zweiten Weltkriegs ihren traurigen Höhepunkt. In einer Weltbevölkerung von 2,3 Milliarden gibt es 175 Millionen Flüchtlinge, das sind 7,6 Prozent aller Menschen.[7] Zum anderen werden die Flüchtlinge nicht ausgestoßen, weil sie etwas verbrochen, an Rebellionen oder Putschversuchen teilgenommen oder radikale politische Ansichten vertreten hätten. Während die Exilant:innen des 19. Jahrhunderts oftmals vor Revolutionen oder Konterrevolutionen flüchteten und auf Asyl hofften, werden die Flüchtlinge des 20. Jahrhunderts vertrieben, weil in den rassistisch gereinigten Nationalstaaten kein Platz für sie ist.

Für den Historiker Michael Marrus zeichnet sich das gesamte 20. Jahrhundert durch Massenflucht aus. Er grenzt die Flüchtlinge von den Vagabund:innen der Frühen Neuzeit ab und hält fest, dass es bis weit ins 19. Jahrhundert gar keinen allgemeinen Ausdruck für Flüchtlinge gab. Das Wort »Refugiés« bezog sich nur auf die aus Frankreich geflohenen Hugenott:innen des 17. Jahrhunderts.[8] Der Begriff Flüchtling wird erst ab Mitte des 19. Jahrhunderts in internationalen Verträgen erwähnt und im Alltag verwendet.

Wie Arendt geht Marrus davon aus, dass Fluchtbewegungen vor der Moderne kein Problem internationaler Politik darstellten. Erst mit der Entstehung von Nationalstaaten und ihren bürokratisch-rassistischen Maschinerien aus Staatsbürger:innenschaften, Volkszählungen, Ausweisen[9] und Nationalkulturen[10] brauchte es einen Begriff, der all diejenigen umfasste, die aus dieser neuen nationalen Ordnung der Welt herausgestoßen werden. Erst als das kälteste aller kalten Ungeheuer, wie Nietzsche den modernen Staat nannte, die Kontrolle über die nun massenhaften Bevölkerungen übernahm, wurden die Flüchtlinge zum politischen Problem auf nationaler wie internationaler Ebene. Der Nationalstaat setzte sich erst im 20. Jahrhundert gegenüber den Imperien durch, auch wenn sich in Frankreich und England schon seit dem 17. Jahrhundert relativ starke Staaten herausgebildet hatten.[11] Mit dem Zerfall des osmanischen, österreichischen und russischen Reiches und der langsam einsetzenden Dekolonisierung wurde das Paradigma des Reiches zu Beginn des 20. Jahrhunderts mit dem des Nationalstaats überschrieben.[12]

Das Ideal klar abgegrenzter Staaten mit homogenen Bevölkerungen und die Härte der entstehenden bürokratischen und rassistischen Staatsmaschinerien prägten die Fluchtbewegungen des 20. Jahrhunderts entscheidend. Der moderne Flüchtling war deshalb Nationalismusflüchtling und damit das Negativ de:r Staatsbürger:in. Er floh vor dem Ausschluss aus nationalistischen und rassistischen Staaten.

Der Zerfall der Reiche und die Aufteilung der Welt in Nationalstaaten zeitigten noch eine zweite entscheidende Konsequenz: Abermillionen von Menschen waren bis Ende des 19. Jahrhunderts aus Europa geflohen und hatten in den (ehemaligen) Kolonien und an den Frontiers Zuflucht gefunden. Der Imperialismus war dementsprechend immer auch ein Ventil zum Abbau der sozialen und politischen Spannungen innerhalb Europas gewesen. Die europäischen Mutterländer nutzten die Kolonien, um ihre ökonomischen, politischen und sozialen Probleme auf die kolonialisierten Gesellschaften abzuwälzen und lagerten interne Problemlagen durch Deportationen, Landraub, Gewalt und Sklaverei in die Kolonien aus. Pauperisierte, Vagabund:innen, Prostituierte, Kleinkriminelle und all die anderen Unerwünschten waren bis ins 20. Jahrhundert regelmäßig an die Frontiers verschifft worden. Dieses imperiale System der Auslagerung von Problemen fiel genau in dem Moment in sich zusammen, in dem es zu massenhaften Vertreibungen innerhalb der zerbrechenden Reiche kam.[13]

Der Zerfall des osmanischen Reiches, des Vielvölkerstaats Österreich-Ungarn und des russischen Zarenreiches im Zuge des Ersten Weltkriegs hinterließ eine diverse Bevölkerung, die sich nur schwer in Nationalstaaten fassen ließ. Die Bevölkerungen der im Osten nach westlichem Vorbild neu gegründeten Staaten glichen einem Flickenteppich aus Minderheiten. Wurden diese Minderheiten in den Jahren nach dem Ersten Weltkrieg noch durch Verträge geschützt und aus dem Ausland unterstützt, setzte sich in den 1920er Jahren zunehmend eine Politik der Denaturalisierung dieser Minderheiten durch: Die Staaten begannen große Teile ihrer eigenen Bevölkerung zu entrechten und entzogen ihnen schließlich die Staatsbürger:innenschaft. So wurden aus Minderheiten Staatenlose, die nirgendwo mehr Aufnahme fanden und deren Vaterländer die Internierungslager wurden, wie Arendt mit bitterer Ironie anmerkte.[14]

Die Minderheiten und Staatenlosen, die während der Nationalstaatsgründungen nach dem Ersten Weltkrieg ins Nirgendwo fielen und mittels diplomatischer Arbeit verteilt worden waren, wurden dann schon in den 1930er Jahren von den Faschismusflüchtlingen abgelöst. Zudem wurde die Masse der denaturalisierten Minderheiten durch die Bürgerkriegs- und Weltkriegsflüchtlinge ständig erneuert, sodass Europa jahrzehntelang von Millionen von Vertriebenen durchwandert wurde.

Minderheiten – Staatenlose – Jüd:innen: Arendt beschreibt in ihrer Geschichte der Zwischenkriegszeit, wie sich die Schlinge aus Rassismus und Nationalismus innerhalb weniger Jahre zuzog. Nationalistischer Ausschluss und imperialistischer Furor verengten sich schließlich im Faschismus in der Verfolgung der Jüd:innen. Sie sind die paradigmatischen Flüchtlinge für Hannah Arendt, da sie eine Gemeinschaft ohne Staat waren und damit exemplarisch für die Denaturalisierten und Staatenlosen der Moderne standen.

Nachdem die Reiche zerfallen waren, scheiterten die Nationalstaaten daran, ihre Bürger:innen zu schützen. Arendt deutet die rassistische Verfolgung und den Ausschluss von Minderheiten als beginnenden Staatszerfall, als einen Prozess der nationalistischen Selbstzerfleischung ganzer Gesellschaften. Ihr Kapitel zur Flucht aus dem Totalitarismus-Buch heißt dementsprechend »Der Niedergang des Nationalstaats und das Ende der Menschenrechte«.[15]

Imperialismus und Nationalismus weichten die staatlichen Institutionen auf, Kriege zersplitterten sie, und schließlich wurden sie vom Faschismus zerstört. Den Gewaltausbruch bis zum Untergang der Welt, den Europa jahrhundertelang kolonial exportiert hatte, wiederholte es mit Faschismus und Weltkriegen in den Mutterländern. Rassistische Flüchtlingspolitiken verbanden den kolonialen Rassismus mit dem Antisemitismus und führten vom Imperialismus in den Faschismus. Arendt zeichnet dies anhand von drei entscheidenden modernen Macht- und Gewalttechniken nach: Bürokratie, Rassismus und Humanitarismus.

## Bürokratie

Möglichkeitsbedingung für die Vertreibung von Minderheiten waren die modernen Verwaltungsapparate der Nationalstaaten. Die bürokratischen Apparate waren im 19. Jahrhundert gewaltig angewachsen, und ihre Instrumente zur Kontrolle der mittlerweile massenhaften Bevölkerungen wurden beständig verfeinert und ausgeweitet. Personalausweise wurden in Europa in vielen Ländern vor dem Ersten Weltkrieg eingeführt, und Identitätskontrollen nahmen in der Zwischenkriegszeit stetig zu. Einerseits sollten die neuen Grenz- und Passregelungen die Aus- und Einreise potenziell feindlicher Personen überprüfen, andererseits sollte die Zu- und Abwanderung »dringend benötigter Menschen« reguliert werden.[16] Bürokratie und Rassismus fallen zusammen im Identifizierungswahn des Ausweisens, das schnell wortwörtlich zu einer Ausweisung führen kann. In der modernen Bürokratie hängen die Rechte und damit fast die Gesamtexistenz der Staatsbürger:innen an ihrem Aufenthaltsstatus, und ein Verlust desselben ist beinahe gleichbedeutend mit einem Namens- und Identitätsverlust.[17]

Herkunft, Glaube und Tradition werden in der Moderne nicht durch ein universales Mensch-Sein oder durch formale Rechte ersetzt, sondern durch nationale Identitäten. Wer sich dagegen wehrt oder schlicht durchs Raster der Nationalstaatsbildung fällt, muss fliehen, wird eingesperrt oder ermordet. Die Tragik des Mensch-Werdens in Zeiten des bürokratischen Nationalstaats hat Bertolt Brecht ironisch auf den Punkt gebracht:

> »Der Pass ist der edelste Teil von einem Menschen. Er kommt auch nicht auf so einfache Weise zustand wie ein Mensch. Ein Mensch kann überall zustandkommen, auf die leichtsinnigste Art und ohne gescheiten Grund, aber ein Pass niemals. Dafür wird er auch anerkannt, wenn er gut ist, während ein Mensch noch so gut sein kann und doch nicht anerkannt wird.«[18]

## Rassismus

Die Grausamkeit der verwalteten Ausschlüsse wurde durch eine Hochkonjunktur des Rassismus ermöglicht. Der Ausschluss und die Ermordung von Millionen von Menschen forderten zur Rechtfertigung nicht nur lose Erklärungen, sondern umfassende Ideologien, systematisch und strategisch aufgebaute Weltbilder aus rassistischen Argumentationen, deren Konsequenzen von institutionellen Machtapparaten gestützt und durchgesetzt wurden. Rassismus ist als Überbegriff zu verstehen, unter dem unterschiedliche Strömungen wie Antisemitismus, Antiziganismus und Rassismus gegen Schwarze und People of Colour vergleichbar werden.[19]

Die Stärke von Arendts Rassismusanalyse liegt darin, dass sie Kontinuitäten zwischen unterschiedlichen Konjunkturen des Rassismus sichtbar macht. Die Diskriminierung und Ermordung der Staatenlosen konnte auf eine Vielzahl von historischen Rassismen, nationalistischen, imperialistischen, antisemitischen Ausschlüssen, von populistischen Gewaltaufrufen und Diffamierungen bis hin zu ausgeklügelten Lehrmeinungen zurückgreifen. Die rassistischen Genozide und Massenmorde des Faschismus konnten sich auf Techniken und Ideologien des Mordens und der Unterdrückung stützen, die in den Kolonien erprobt und erfunden worden waren: In den (ehemaligen) Kolonien wurden rassistische Gesetze, Institutionen und Kulturen des Ausschlusses durchgesetzt, die den Faschismus in Europa inspirierten. In der

Phase des Imperialismus erfanden die Europäer:innen Konzentrationslager und führten Vernichtungskriege und Völkermorde durch.

Gleichzeitig war der Antisemitismus mit Hilfe von Massenmedien, Verschwörungstheorien, Evolutionstheorie und Eugenetik von der Praxis unregelmäßig wiederkehrender Pogrome zu einer systematischen Ideologie und Regierungstechnologie der Bevölkerungskontrolle entfaltet worden. In den Vertreibungen europäischer Minderheiten wurden demnach Elemente des Anti-Schwarzen-Rassismus mit Antisemitismus verbunden.

Auf Grundlage beider Ideologien wurden Minderheiten, mit denen die Mehrheitsgesellschaften zum Teil jahrhundertelang zusammengelebt hatten und die oft vollständig assimiliert waren, identifiziert und ausgestoßen. Rassismus durchdrang die bürokratischen Hierarchisierungen ebenso wie die Alltagskultur. Er drückte sich von nüchtern und streng wissenschaftlich bis hin zu pöbelnd aus, wie in Julius Streichers *Stürmer*. Diskriminierung, Enteignung, Ausschluss und Verfolgung wurden durch Ideologie, Verwaltungsstrukturen, Alltagshandlungen und Pogrome immer tiefer in der modernen Kultur verankert.

In einer sich selbst erfüllenden Prophezeiung erschufen sich die Rassist:innen laut Arendt damit genau die Untermenschen, die sie herbeifantasiert hatten. Die jüdischen Flüchtlinge wurden so lange gequält, erniedrigt, enteignet und vertrieben, bis sie auf ihrer Flucht oder Deportation schließlich tatsächlich wie Untermenschen erschienen.

Entscheidend ist auch eine weitere Beobachtung Arendts: Die deutschen Jüd:innen wurden genau in dem Moment zur Zielscheibe des Hasses, als jüdische Kultur und Religion für einen großen Teil an Bedeutung verloren hatte. Es war also weniger ihre tatsächliche Andersheit oder Fremdheit, sondern vielmehr eine nie da gewesene Verschmelzung von Kulturen in der Moderne, die dem Rassismus zur Macht verhalf. Die kulturellen Angleichungen der Moderne befeuerten den Rassismus. Rassismus wird demnach gerade nicht durch soziale, kulturelle und religiöse Unterschiede, sondern durch ihre Auflösung hervorgerufen. Die Minderheiten waren potenziell jedermann und wurden gerade deshalb rassistisch zu Anderen erklärt und verfolgt.[20]

Arendts Bedeutung für die Rassismustheorie darf nicht darüber hinwegtäuschen, dass sie selbst in rassistischen Denkstrukturen gefangen blieb und mithin grundlegende rassistische Motive bestärkte und verbreitete.[21] Ihre phänomenologischen Erklärungsversuche des Rassismus gegen Schwarze sind diffamierend und inakzeptabel. Die Urszene des Anti-Schwarzen-Rassismus findet Arendt in der Begegnung der Kolonisator:innen mit den Schwarzen.[22] Durch die Augen der weißen beschreibt sie Afrika als einen überbevölkerten Kontinent, auf dem Schatten lebten, die weder Mensch noch Tier seien, geschichtslose Mischwesen ohne Zukunft. Die Weltlosigkeit der »wirklichen Rassen« in Afrika und Australien ist für Arendt eine Tatsache, die nicht hinterfragt wird.[23]

Ausgehend von Joseph Conrads Erzählung *Herz der Finsternis* steht die rassistische Mischung aus Angst und Begehren der Europäer:innen im Vordergrund ihrer Analysen. Arendt folgt damit dem rassistischen Blick der imperialen Kolonisator:innen. Die Kolonisierten kommen nicht zur Sprache. Arendts Phänomenologie der ersten Begegnung beschreibt eine einseitige gewaltvolle Vereinnahmung. Diese »Massenpsychologie des Farbentraumas«[24] naturalisiert die Unterschiede, deren Entstehung sie eigentlich erklären sollte.

## Humanitarismus

Die Flüchtlingspolitiken der Zwischenkriegszeit sind gleichzeitig durch eine Hochkonjunktur des Humanitarismus geprägt. Auch wenn der Humanitarismus seine Vorläufer in den proto-menschenrechtlichen Diskursen der Stoa, der Wohltätigkeit in Islam und Judentum und der Nächstenliebe im Christentum hat, ist er als modernes Phänomen eng verbunden mit der Entstehung von Nationalstaaten, Kapitalismus und bürgerlichen Gesellschaften. Der Humanitarismus kommt dort zum Einsatz, wo die staatlichen Strukturen versagen und sich ein Abgrund aus Leid, Not und massenhaftem Sterben auftut. Der Zustand des Humanitären, der reinen Menschlichkeit ohne Schutz durch den Staat, ist der Schatten einer nationalstaatlich geordneten Welt. Der Humanitarismuszustand tut sich überall dort auf, wo die modernen Staaten und Institutionen scheitern, sich zurückziehen und die Menschen entweder ungeschützt zurücklassen oder sie direkt attackieren. Er ist der Zustand des Menschen nach dem Untergang seiner Welt.

Der Humanitarismus liefert die Antwort auf die transnationalen und internationalen Abgründe, in die all diejenigen fallen, die aus den staatlichen und kapitalistischen Ordnungen gestoßen werden. Die Urszene des Humanitarismus ist das unerträgliche Leid der Anderen, das von den Betrachter:innen nicht hingenommen werden kann und den unbändigen Drang entfesselt, etwas dagegen zu tun. Oft sind es die Not oder das Sterben von Kindern und Frauen, mit dem der Humanitarismus das Stakkato der Aufmerksamkeitsökonomie zwischen all den Bildern von Konsum, Gewalt und Erotik durchbrechen kann. Leidende Kinder sind in ihrer Mischung aus Unschuld und Hilflosigkeit die idealen Figuren für die Kampagnen des Humanitarismus. Die Unbedingtheit dieser Szenen ruft nach einer direkten Einmischung: Es ist moralisch verwerflich, nicht sofort zu handeln.

Zwei Strategien der Mobilisierung bieten sich dem Humanitarismus: Zum einen kann er auf eine Ethik des Mitgefühls hoffen, Spenden einwerben und Wohltätigkeit anregen. Zum anderen kann er auf die Durchsetzung der Menschenrechte pochen. Die Mittel, die von verschiedenen Organisationen eingesetzt oder gefordert werden, um Mitleid zu erregen und Menschenrechte durchzusetzen, reichen von militärischen Einsätzen und Kriegen bis hin zum Ausbau von Infrastruktur, der Errichtung von Unterkünften und Notfallversorgung.

Arendt betonte die wachsende Bedeutsamkeit des Humanitarismus in den internationalen Beziehungen. Ihre Kritik an Menschenrechts- und Mitleidsdiskursen richtete sich primär gegen die ungleichen Machtverhältnisse, auf denen der Humanitarismus beruht. Wenn er die Beziehungen zu einem Verhältnis von Opfern und Retter:innen degradiert, geht die spezifische zwischenmenschliche Distanz verloren, in der Politik möglich ist. Mitleid springt zwischen maximaler Nähe und Distanz hin und her und kann kein solidarisches Verhältnis unter Gleichen aufbauen. Die »Alles oder Nichts«-Diskurse des Mitleids fordern unbedingte und sofortige Taten ein und können deshalb keine politischen Aushandlungsprozesse sein. Zudem produzieren Mitleidsdiskurse sehr starke Hierarchien, denn zwischen Rettenden und Opfern sind die Machtverhältnisse klar verteilt. Die einen handeln, die anderen nicht. Die einen sind freiwillig dort, die anderen nicht. Die einen machen Erfahrungen, die anderen kämpfen um ihr Leben. Es kann darin kaum Begegnungen auf Augenhöhe geben.

Auch den zweiten Strang des Humanitarismus, die Menschenrechte, sieht Arendt kritisch und bemängelt vor allem ihre Zahnlosigkeit.

> »Die Menschenrechte haben immer das Unglück gehabt, von politisch bedeutungslosen Individuen oder Vereinen repräsentiert zu werden, deren sentimental humanitäre Sprache sich oft nur um ein geringes von den Broschüren der Tierschutzvereine unterschied.«[25]

Es fehlt den Menschenrechten laut Arendt demnach an schlagkräftigen Institutionen, um sie durchsetzen zu können. Die Menschenrechte versagten genau dann, wenn sie gebraucht würden. Diese Unzuverlässigkeit führt Arendt zu der philosophischen Frage nach dem Grund, auf dem Menschenrechte überhaupt stehen. Seit den Vertragstheorien der Frühen Neuzeit und den Deklarationen der Moderne verstehen sich Menschen als Besitzer:innen von Rechten. Rechte sind durch Verträge und Erklärungen institutionalisierte Sicherheitsmechanismen, die Menschen wie unsichtbare Kokons umgeben, sie in der Gegenwart schützen und ihre Zukunft gestaltbar machen. Rechte werden als eine Art unveräußerliches Eigentum der Menschen erklärt, bleiben jedoch letztlich von den Institutionen abhängig, die für ihre Durchsetzung eintreten. Menschenrechte stehen damit immer auf tönernen Füßen. Bürger:innenrechte gründen zumindest auf der Macht eines Staates. Die Staatenlosen verlieren diese aber gerade durch die Denaturalisierungen. Jenseits der Bürger:innenrechte bleibt ihnen dann nur die Berufung auf Menschenrechte, die traditionell in Gott oder der menschlichen Natur begründet werden. Doch sowohl Gott als auch die menschliche Natur lassen sich zwar überall und jederzeit herbeizitieren, besitzen aber keine exekutive Macht. In der Zwischenkriegszeit standen hinter den Menschenrechten keine wirkmächtigen Institutionen mit Gerichten,

Diplomat:innen und Exekutivorganen und konnten so nur selten durchgesetzt werden. Die entrechteten Staatenlosen verkörpern für Arendt deshalb die Ohnmacht der Menschenrechte.

## Das Recht, Rechte zu haben

Arendt konstatiert, es gebe nur ein einziges Menschenrecht, und das bestehe darin, »einer politisch organisierten Gemeinschaft anzugehören«, was gleichbedeutend sei damit, »in einem Beziehungssystem zu leben, wo man nach seinen Handlungen und Meinungen beurteilt wird«.[26] Das Recht, Mensch zu sein, bestehe darin, in einem pluralistischen Zusammenschluss von Menschen anerkannt zu werden und eine eigenständige Position mit Handlungsmacht einnehmen zu können. Nur die Zugehörigkeit zu einer Gemeinschaft biete Schutz. Dementsprechend finde »der Raub der Menschenrechte dadurch statt, dass einem Menschen der Standort in der Welt entzogen wird, durch den allein seine Meinungen Gewicht haben und seine Handlungen Wirksamkeit.«[27] Das einzige Menschenrecht besteht demnach in Arendts bekannter Tautologie »Recht, Rechte zu haben«, was bedeutet, eine würdevolle, anerkannte Position in einem Gemeinwesen zu besetzen.

Ein Mensch ohne Zugehörigkeit zu einer politischen Gemeinschaft sei kein Mensch, sondern vielmehr wie ein Tier, biologisches Leben, ohne all das, was das Mensch-Sein ausmache. Schonungslos stellt sie fest, dass Rechtlose keine gleichwertige Stimme, die gehört würde, besäßen und ihre Äußerungen wie die Laute eines Tieres wahrgenommen würden, das nur noch um Nahrung, Schlafplätze, Sicherheit und letztlich ums Überleben bettele. Ohne die Einbettung in eine politische Gemeinschaft drohten die Staatenlosen nicht nur spezifische Rechte wie das Wahlrecht oder das Recht auf freie Meinungsäußerung zu verlieren, sondern ihre Zugehörigkeit zur Menschheit überhaupt. Sie würden zu abstrakten Menschen und verlören mit ihren konkreten Bezügen zur geteilten Welt am Ende ihre Existenz.

Appelle an universelle Rechte wie Gast-, Asyl- und Menschenrechte und die Hoffnung auf Mitleid und Barmherzigkeit stellten sich gegen die Gewalt faschistischer Staaten als ohnmächtige Mittel heraus. Es blieb nur die internationale Gemeinschaft, um den Abgrund, der sich auftat, zumindest notdürftig zu überbrücken.

## Das Scheitern der internationalen Gemeinschaft

Die internationale Gemeinschaft der Zwischenkriegszeit verkannte die Bedeutsamkeit der Flüchtlingsproblematik und verpasste die Gelegenheit, die humanitären Bemühungen mit politischen Handlungen zu unterstützen. Das war kein Zufall, denn die Flüchtlingspolitiken selbst untergruben ihre Handlungsmacht ebenso wie die der Staaten. Indem die Staaten einige ihrer Bürger:innen außerhalb des Gesetzes als vogelfrei deklarierten, schwächten sie sich und gleichzeitig die internationalen Beziehungen und erlaubten es chauvinistischen Bewegungen, den Staat zu untergraben.[28]

In dem Roman *Das Totenschiff*[29] von B. Traven wird die Verantwortungslosigkeit der europäischen Staaten der 1920er Jahre anhand eines amerikanischen Matrosen beschrieben, der seine Papiere verliert und als armer Arbeiter keine neuen bekommt. Er irrt daraufhin als Staatenloser durch Europa, wird immer wieder verhaftet und eingesperrt, um dann in Nacht-und-Nebel-Aktionen von der Polizei über die nächste Grenze geschmuggelt zu werden. Diese illegitimen Rückschiebungen stehen zum einen exemplarisch für einen Staat, der seine eigene Exekutive dazu anhält, gegen die Gesetze zu verstoßen. Zum anderen verdeutlicht die Geschichte aber auch, wie die internationalen Beziehungen an den Staatenlosen zerbrachen. Die europäischen Staaten kämpften einerseits um den Schutz der eigenen Minderheiten in anderen Ländern und versuchten gleichzeitig, illegal Flüchtlinge in andere Staaten abzuschieben, worüber sie sich zerstritten. Die staatliche und die zwischenstaatliche Ordnung wurde durch die Flüchtlingspolitiken demnach schwer erschüttert.

In ihrem Aufsatz »Wir Flüchtlinge« hält Arendt fest: »Die Gemeinschaft der europäischen Völker zerbrach, als – und weil – sie den Ausschluss und die Verfolgung ihres schwächsten Mitglieds zuließ.«[30] Trotzdem hätte die internationale Gemeinschaft die

Spirale der Gewalt zumindest teilweise unterbrechen können, wenn sie die Flüchtlinge in der Welt verteilt hätte. Die Konferenz von Évian 1938 steht exemplarisch für das Scheitern des Völkerbunds, denn hier wurde deutlich, dass kaum ein Land bereit war, Flüchtlinge aufzunehmen.[31] Durch die imperialen, kriegstreiberischen Ausweitungen des Dritten Reiches nach Osten war absehbar geworden, dass die Zahl der Flüchtlinge rasant zunehmen würde. Kein europäischer Staat wollte in der sozial und politisch brisanten Situation der 1930er Jahre die Verantwortung für sie übernehmen. Genau das machte eine konzertierte Aktion unmöglich. Der Faschismus konnte sich auf die entsolidarisierende Kraft der Angst verlassen: Die Regierungen der Konferenzteilnehmer:innen wurden von Faschismus, Rassismus und Nationalismus vor sich hergetrieben.

1938 trat auch die St. Louis ihre tödliche Irrfahrt durch den Atlantik an. Knapp tausend Jüd:innen hatten kubanische Visa erworben und flohen auf dem Schiff aus dem Deutschen Reich nach Kuba. Nach der Ankunft wurde das Schiff dort allerdings ebenso abgewiesen wie von den USA und schließlich gezwungen, zurück nach Europa zu fahren. Die Passagiere wurden auf verschiedene europäische Staaten verteilt, und ein großer Anteil von ihnen wurde später durch die Nationalsozialist:innen ermordet.

## Vorboten des Faschismus

Die Abschottungspolitik fast aller Länder vergiftete das internationale Klima und befeuerte den Rassismus. Aber auch in der nationalen Politik der einzelnen Länder waren Flüchtlingspolitiken ein Mittel, um den Faschismus weiterzutreiben, und das nicht nur, weil sie die staatliche Macht untergruben. Arendt nennt vier Gründe, warum sie zu Vorboten des Faschismus wurden: Erstens waren die vertriebenen, elenden, wandernden Massen abschreckende Beispiele dafür, was mit denen geschieht, die aus der Einheit des Volkes ausscherten. Damit trugen sie indirekt zur inneren Spaltung der Bevölkerung und zum Erstarken eines völkischen Nationalismus bei. In Abgrenzung zu den verelendeten Flüchtlingen konstituierte sich zweitens ein gewaltbereiter nationalistischer Mob, dessen Führer den Rechtsstaat aus den Angeln hoben. Drittens untermauerten die Flüchtlinge die totalitären Rassenideologien, da sie in ihrer Armut und Erbärmlichkeit wie kriminell, nicht-assimiliert, ungepflegt und wertlos wirkten. Waren die Flüchtlinge aus allen sozialen, politischen und rechtlichen Sphären ausgestoßen, konnte an ihnen viertens die totale Herrschaft in den Lagern praktisch erprobt werden. Hatte man ihnen erst die rechtliche, politische und soziale Einbindung in menschliche Gemeinschaften genommen, erschienen sie in ihrer Weltlosigkeit als »abstrakte Menschenwesen«[32] und damit als straflos tötbar.

Auf der Suche nach den Elementen und Ursprüngen totalitärer Herrschaft macht Arendt die Produktion von und den Umgang mit Flüchtlingen und Staatenlosen in der Zwischenkriegszeit als eine Stufe auf der Eskalationskaskade des Faschismus aus. Denn »der irrsinnigen Massenfabrikation von Leichen geht die [...] Präparation lebender Leichname voran.«[33] Die Produktion von überflüssigen Menschen und ihre Verfrachtung in Lager stehen für sie in einer direkten Linie mit den folgenden Genoziden. Das bedeutet nicht, dass das massenhafte Auftreten von Flüchtenden notwendigerweise in den Faschismus führen musste. Die Vertreibung ist nur einer von vielen Bausteinen, aus denen der Faschismus zusammengesetzt wurde. Trotzdem passt sich die politische und soziale Herstellung von Flüchtlingen in eine Geschichte der sich überbietenden Grausamkeiten und Schrecken von Antisemitismus, Rassismus, Nationalismus und Imperialismus ein. Der Endpunkt, auf den Arendts Analyse zuläuft, ist das Vernichtungslager, in dem sich für sie der Faschismus in Reinform spiegelt.

## Fluchtpunkt Vernichtungslager

Arendts Theorie des Flüchtlings setzt an die Stelle des Asyls, das als schützender Ort für Einzelne Sicherheit versprach, das Flüchtlingslager als Paradigma. Die Sammellager für Flüchtlinge sind nach Arendt Vorläufer des faschistischen Lagersystems, deren Konzentrations- und Vernichtungslager ihre Herrschaft über die Menschen am deutlichsten manifestierten.

In drei Schritten fasst sie den totalen Weltverlust in den Lagern. Im ersten Schritt werde die juristische Person zerstört, und die Staatenlosen würden außerhalb des geltenden Rechts gestellt. Lagerinsass:innen seien dementsprechend ebenso wenig Verbrecher:innen wie Lager mit Gefängnissen zu verwechseln seien. Der Faschismus illegalisiere die Handlungen der Staatenlosen nicht, sie würden vielmehr außerhalb des Rechts gestellt, damit sie straffrei getötet werden könnten. Im nächsten Schritt werde die moralische Person ermordet, und die Lagerinsass:innen würden gegeneinander ausgespielt werden. Die Lager nähmen den Menschen jegliche Möglichkeit, moralisch integer zu handeln. Selbst ihr Tod könne kein Märtyrertod sein, kein Zeichen für die Stärke ihrer Prinzipien. Der Tod des KZ-Insassen »war nur die Besiegelung dessen, dass es ihn niemals gegeben hatte.«[34] Der dritte Schritt zur Vernichtung der Welt und damit zur Herstellung des nackten Lebens sei die Zerstörung der Individualität. Die Massentransporte, einheitliche Kleidung und die täglichen Grausamkeiten zersetzten die Unterschiedlichkeit der Menschen und töteten so ihre Spontaneität, die »Fähigkeit des Menschen, von sich aus etwas Neues zu beginnen«.[35] Seien die juristische und die moralische Person sowie die Individualität vernichtet, bliebe von den Menschen nur noch ein »Exemplar der menschlichen Tierart«[36] übrig.

## Flüchtlinge und Staatlinge

Arendts Interpretation des Umgangs mit Flüchtlingen und Staatenlosen als Vorbote des Faschismus, als schreckliche Avantgarde der kommenden Genozide, zeigt schonungslos auf, wie sich der Ausschluss von Minderheiten Anfang des 20. Jahrhunderts nicht mehr in Diskriminierungen, Pogromen und lokalen Gewaltausbrüchen erschöpfte, sondern eine zentrale Funktion in der nationalen und internationalen Politik einnahm. Nach Arendt rückten die Flüchtlinge ins Zentrum der Politik des 20. Jahrhunderts und wurden zur entscheidenden Figur einer nationalstaatlich geschlossenen Welt. Sie verschränke die prekäre und verwundbare Situation von Minderheiten, Staatenlosen, Jüd:innen und anderen Verfolgten. Arendt beschreibt, welche Gewaltexzesse möglich werden, wenn ein Teil der Bevölkerung illegalisiert, rassistisch gebrandmarkt und von einer modernen bürokratischen Maschinerie verfolgt wird. Sie stellte klar, dass sich der Umgang mit Flüchtenden nie als Randthema der Politik abtun lässt. Die Figur des Flüchtlings begleite die Nationalstaaten wie ein Schatten, und mit ihrem Schicksal stehe die »Zivilisation der gesamten Menschheit« auf dem Spiel.[37]

Sind die Waffen des politischen und sozialen Ausschlusses (Lager, Entrechtung, Enteignung, Vertreibung und Mord) erst einmal erfunden und erprobt, werden sie immer wieder eingesetzt. Flüchtlingspolitik bezieht sich nicht nur auf die Verwaltung von Minderheiten; aus ihr kann im Handumdrehen ein Brandsatz werden, mit dem sich faschistoide, rassistische und nationalistische Bewegungen radikalisieren. Flüchtlingspolitik kann innerhalb kürzester Zeit die internationale und nationale Solidarität zerstören, Misstrauen in Hass und Wut in Gewalt umschlagen lassen und letztlich ganze Staaten zum Kollaps bringen. Sind rassistischer und nationalistischer Furor erst einmal entfesselt und strukturell fundiert, ist der Weg zum Mord, im schlimmsten Fall zum Völkermord, geebnet.

Wer aus der nationalstaatlichen Ordnung gestoßen wird, fällt ins bodenlose Niemandsland. Doch auch die nationalstaatlich eingegrenzte Welt ist gefährlich; Staaten schwanken zwischen Emanzipation und Gewalt. Einerseits bieten ihre Institutionen Möglichkeiten zur Befreiung, zu Rechten und Umverteilung, andererseits neigen sie zur rassistischen und nationalistischen Verfolgung von Minderheiten. Die Gegenfigur zu den Bürger:innen mit Rechten ist deshalb der Nationalismusflüchtling.

Nationalismusflucht ist im Anschluss an Arendt die prägende Fluchtbewegung des langen 20. Jahrhunderts, in dem moderne Politik ausgehend von Nationalstaaten und Staatsbürger:innenschaft konzipiert wurde. Die Nationalismusflüchtlinge sind das Andere der Staatsbürger:innen: Staatenlose. Sie sind das Andere der Nationen: Minderheiten. Orte ihres rassistischen und bürokratischen Ausschlusses sind die Interventionen des Humanitarismus und das Lager. Die Nationalismusflüchtlinge sind in diesen Zwischenzonen einer nationalstaatlich geordneten Welt beständig von Pogromen und Genoziden bedroht und werden zwischen den Staaten zerrieben.

Der Flüchtling ist der Mensch nach dem Staat, die vom Staat verlassene Bürger:in. In seiner Vertreibung zeigt sich, wie schnell Sicherheit in Gefahr, Einschluss in Ausschluss, Würde in Verachtung, Freiheit in Lagerhaft und Gleichheit in rassistische Abwertung umschlagen können. Diese Dialektik macht ihn unheimlich, nämlich fremd und vertraut zugleich: Der Flüchtling ist das radikal Andere der staatsbürgerlichen Norm und trotzdem nichts radikal Fremdes oder Äußeres. Wie jede Unheimlichkeit gründet auch seine in einer banalen Normalität. Gestern war der Flüchtling noch Staatsbürger:in, jetzt ist er ein Niemand. Indem er die Schwächen des Staates verkörpert, erinnert er daran, dass alle Staatsbürger:innen potenzielle Flüchtlinge sind. Deswegen ist er der Stachel im Fleisch der staatlich geordneten Welt, und genau deshalb wird die Figur mit so vielen Versuchen konfrontiert, sie rassistisch zu den Anderen zu stempeln, zu viktimisieren oder zu heroisieren oder sich sonst irgendwie von ihr abzugrenzen. Der Flüchtling erzeugt Panik,[38] weil er den Nationalstaat und damit die politische Grundordnung der modernen Welt in Frage stellt.[39] Er zeigt auf, dass nicht nur im Staate etwas faul ist, sondern am Staat an sich.

Der Flüchtling zeigt den Bürger:innen, dass sie Staatlinge sind. Sie sind ihrem Staat auf Gedeih und Verderb ausgeliefert:[40] Freiheit, Gleichheit, Sicherheit, Würde und Rechte gibt es nur durch den Staat, seit der Pass zum edelsten Teil des Menschen erklärt wurde.[41] Die Staatlinge mögen sich als Bürger:innen individualisieren und ihre privaten Freiheiten durch liberale Ordnungen schützen. Sie mögen sich soziale Gleichheit durch staatliche Institutionen erkämpfen und sozialdemokratische Umverteilungsmaßnahmen im Staat verankern. Aber all diese Befriedungsstrategien können schnell kippen, wenn sich Krisen häufen und rechtsextreme Politiken des Ausschlusses an Boden gewinnen. Trotz Eigentum und Rechten bleiben die modernen Menschen immer von rassistischer Bürokratie, Staatszerfall und Staatenlosigkeit bedroht. An den

Flüchtenden zeigt sich, wie zerbrechlich die liberalen Demokratien und ihre Freiheit und Gleichheit sind. Bis heute beginnen rassistische Politiken des Ausschlusses und der Entrechtung oft bei den Flüchtenden. Sie wuchern von dort aus, zersetzen die liberalen und rechtlichen Fundamente der Staaten ebenso wie das fragile Netz der internationalen Gemeinschaft.

Die Flucht aus der Perspektive der Zwischenkriegszeit zu betrachten und die Gefahr von rassistischen Flüchtlingspolitiken zu verstehen, ist entscheidend für das Verständnis von aktuellen Fluchtbewegungen. So sehr sich die heutigen Parallelen zur Zwischenkriegszeit in Bezug auf Finanz- und Wirtschaftskrisen, Flucht, Staatszerfall und erstarkende rechtsextreme Bewegungen und Parteien auch aufdrängen, sie bedeuten dennoch nicht, dass sich unweigerlich ein neuer Faschismus durchsetzen wird. Die vielfachen Krisen müssten durchaus nicht mit rechter Gewalt beantwortet werden. Um stattdessen die radikal solidarischen Alternativen zu erkennen, ist es notwendig, Arendts Konzept des Flüchtlings in zwei Punkten zu erweitern.

Fluchtbewegungen beschränken sich erstens nicht nur auf politische Flüchtlinge, die als Minderheiten vertrieben werden. Arendts Überlegungen zur Flucht beziehen sich auf Europäer:innen, die ihre Staatsbürger:innenschaft, ihre Heimat und ihre Rechte und damit den Standpunkt in der Welt verlieren. Flüchtende, die nie vollwertige Bürger:innen waren, kolonialisierte und in Massen geflüchtete Menschen sowie jene, die enteignet und vertrieben wurden, berücksichtigt sie nicht. Und was ist mit all denen, die fliehen, weil sie nichts zu essen haben, krank sind oder in ihrem Herkunftsort keine Zukunft haben? Arendt blendet mit ihrem Fokus auf Nationalismusflucht all diese Fluchtbewegungen aus. Soziale und ökonomische Hintergründe spielen bei ihr keine Rolle, bezeichnenderweise nimmt die Wirtschaftskrise in ihren Überlegungen keine zentrale Position ein. Dabei ließen sich auch damals schon politische und ökonomische Vertreibungen kaum auseinanderhalten. Parallel zu den vertriebenen Minderheiten zog in der Zwischenkriegszeit eine gewaltige Menge von Enteigneten, Arbeitslosen und Vagabund:innen durch Europa.

Zusätzlich zu den Vertreibungen der Nationalstaaten müssen die Vertreibungen des Kapitalismus analysiert werden. Wenn es

Nationalismusflucht gibt, muss es auch Kapitalismusflucht geben. Arendts Konzept des politischen Flüchtlings wird im Folgenden durch einen breiteren Begriff der Flüchtenden ersetzt. Denn die Flüchtenden setzen sich ebenso aus politischen Flüchtlingen zusammen wie aus sogenannten Wirtschaftsmigrant:innen, aus Menschen, die vor der Erderhitzung fliehen, aus all denen, die aus den Verwüstungen der Moderne aufbrechen, um eine würdevolle und sichere Zukunft woanders zu suchen.

Arendts Konzept des Flüchtlings greift aber auch in einem zweiten Punkt zu kurz, denn die Flüchtenden sind nicht nur passiver Spielball der Nationalstaaten. Sie lassen sich nicht auf eine Existenz des bloßen Überlebens in Lagern reduzieren, sondern sind politisch aktiv, haben Geschichten und formen Bewegungen. So ziehen sie nicht nur privat in eine individuell bessere Zukunft, sondern fordern gleichzeitig allgemeine radikale Veränderungen ein. Im Anschluss an die Überlegungen zur Kapitalismusflucht werde ich mich daher im dritten Teil des Buchs den widerständigen Politiken der Flüchtenden zuwenden.

# ZWEITER TEIL: DIE VERTREIBUNGEN DES KAPITALISMUS

## Enteignung und Verwüstung

Das Eigentum ist das politische *cogito* der modernen Gesellschaft: Ich habe, also bin ich. Eigentum ist in der liberalen Tradition das Fundament des privaten und sozialen Raums. Es soll die Unabhängigkeit des Individuums garantieren und gleichzeitig die Grundlage für Wohlstand legen. Selbst wenn sich dieses Eigentum auf das Eigentum am eigenen Körper und Geist beschränkte, ließe es sich als Humankapital verstehen, als Arbeitskraft verkaufen und durch Fleiß und Mühsal vermehren, zumindest nach Ansicht der liberalen Ideologie. Eigentum ist in diesem Konzept also immer Kapital, und deshalb könne die Tellerwäscher:in Millionär:in werden.

Angesichts der zentralen Rolle des Eigentums in modernen Ideologien verwundert es nicht, dass Konzeptionen des Eigentums seit der Frühen Neuzeit genauso stark umkämpft sind wie die Verteilung des Eigentums selbst. Allzu oft hat sich der Schutz des Eigentums als Begründung für massive Ungleichheit, gewaltvolle Enteignung und Verwüstung erwiesen.[42] Hatte der Ökonom Adam Smith noch angenommen, dass Eigentum sich einfach durch Fleiß und Sparsamkeit in Kapital umwandeln ließe, beschrieb Karl Marx die Gewalt, die es historisch brauchte, um Kapital und »freie« Arbeiter:innen zu erzeugen. Auf die Frage, wie der Kapitalismus entstanden sei, gibt Marx eine pointierte Antwort: Blut und Feuer. Das Startkapital des Kapitalismus wurde laut Marx durch die Enteignung von größtenteils subsidiär wirtschaftenden Menschen erbeutet. Die Privatisierung des Gemeinguts der Allmende legte das Fundament des Kapitalismus. Die Reformation und die damit einhergehende Enteignung der Kirche verstärkten diese Akkumulation von Grund und Boden in den Händen einiger weniger ebenso wie die Raubzüge des Kolonialismus.[43]

Nebeneffekt waren massive Fluchtbewegungen der enteigneten und verarmten Bevölkerung, die nun als Vagabund:innen und Pauperisierte ihr Land verlassen mussten. Der Staat reagierte auf diese vertriebenen Menschen mit grausamen Gesetzen: Er beschuldigte sie, Verbrechen begangen zu haben, erließ drakonische Strafen, ermordete sie, sperrte sie in Arbeitshäuser und Gefängnisse, verschiffte sie in die Kolonien, machte sie zu Zwangsarbeiter:innen und Sklav:innen, disziplinierte sie und formte so ein Heer von (über-)ausbeutbaren Arbeitskräften.

Denn um zu überleben und Lebensmittel kaufen zu können, musste sich der Großteil dieser Subsistenzlosen als Arbeitskräfte verdingen. Damit waren die Frühformen von beweglicher Arbeitskraft und Kapitalakkumulationen geschaffen und durch Märkte verbunden, und der Kapitalismus konnte an Fahrt aufnehmen. Seine Grundlage waren demnach nicht der Fleiß oder die Erfindungsgabe Einzelner, sondern grausame Enteignungen.

## Die Fortsetzung der ursprünglichen Akkumulation

Rosa Luxemburg erweiterte Karl Marx' Thesen zum Prozess der ursprünglichen Akkumulation durch ihre Analysen des Imperialismus. Sie beschrieb die ursprüngliche Akkumulation nicht als geschichtlich abgeschlossenen Prozess zu Beginn des Kapitalismus. Vielmehr erklärte sie den Imperialismus der Hochmoderne als weitere Welle der Akkumulation und entzauberte damit vulgärmarxistische Fortschrittsgeschichten. Sie deutete den Imperialismus als einen Versuch, den Untergang des krisengebeutelten Kapitalismus des 19. Jahrhunderts abzuwenden. Nicht nur die fehlenden Absatzmärkte für europäische Waren, also die Unterkonsumption, sind laut Luxemburg die entscheidende Triebkraft des Imperialismus.[44] Ergänzt werden sie durch die Kraft von überflüssigem Kapital, also die Suche nach neuen Investitions-/Ausbeutungsfeldern und, ebenso entscheidend, durch das Heer der überflüssig Gemachten und soziale Spannungen.[45]

Marx' viel beschworenes Bild von der Gewalt als Geburtshelferin der Geschichte muss erweitert werden: Die ursprüngliche Akkumulation wiederholt sich mit jeder neuen Krise des Kapitalismus. Die Gewalt von Enteignungen, Vertreibung und Flucht sind dem kapitalistischen Verhältnis nicht äußerlich, sondern seit seiner Entstehung ein wesentlicher Bestandteil.[46] Nur dadurch, dass sich die Frontier des Kapitalismus gestützt auf politische Macht und Gewalt immer weiter um die Erde fressen kann, werden die nötigen Mengen an Arbeit, Kapital, Märkten und Rohstoffen erzeugt, um ihn am Laufen zu halten.

Ohne Kolonialismus und Imperialismus hätten Krisen des 19. Jahrhunderts zu Revolutionen und weiteren Kriegen geführt, da Absatzmärkte für Waren ebenso fehlten wie Investitionsmöglichkeiten für überschüssiges Kapital und Auslagerungsfelder für soziale und politische Spannungen. Das kriselnde Europa wäre schon damals in Kriegen implodiert, wenn das politisch-ökonomische System nicht imperial umstrukturiert worden wäre. Dementsprechend können die zahlreichen Währungs-, Finanz- und Wirtschaftskrisen des 19. Jahrhunderts als Hintergrund des Imperialismus verstanden werden.

Der Imperialismus bot eine Antwort auf die angespannte Situation: Die überflüssigen Menschen und das überflüssige Kapital wurden in die Kolonien abgeschoben, die dann gewaltvoll geplündert wurden.[47] Nur durch diese Fortführung der ursprünglichen Akkumulation ließ sich das politische und ökonomische Wachstum der europäischen Reiche noch für einige Jahrzehnte fortführen. Für diese Wiederholung und Erneuerung der ursprünglichen Akkumulation steht sinnbildlich die Aufteilung Afrikas auf der Kongokonferenz in Berlin 1884/85. Dieses historische Momentum verdeutlicht, wie die Enteignungen des Kapitalismus in immer neuen Formen wiederkehren und jede Krise begleiten.

Kapitalismus ist krisenanfällig und neigt ökonomisch wie politisch zu Überakkumulation von Kapital und Macht. In den kapitalistischen Krisen kommt es zum Anstieg von Arbeitslosigkeit und Armut, während sich immer größere Kapitalmengen anhäufen, die sich nicht mehr investieren lassen, und Waren, die sich nicht verkaufen. Gleichzeitig führen die entstehenden ökonomischen und politischen Verhältnisse von Ungleichheit, Ausbeutung und Gewalt zu sozialen und politischen Spannungen. Um diesen Teufelskreis nicht eskalieren zu lassen, stabilisieren herrschende Klassen den Kapitalismus, indem sie ihn über sich hinauswachsen lassen. Sie erschließen sich präkapitalistische Felder oder verwüsten bereits kapitalistisch organisierte Strukturen. Dafür öffnen sie neue Absatzmärkte und rauben weitere Ressourcen und Energien.

Es ist dieses krisenhafte kapitalistische Erschließen nicht-kapitalisierter Welt und Erde, das immer aufs Neue Gewalt und Not reproduziert.

Mit Luxemburg lässt sich zusammenfassen: Kapitalismus ist kein geschlossenes System, das nur für sich selbst existieren könnte. Seine Krisenhaftigkeit treibt die Menschen dazu, sich immer neue Märkte und Kapitalquellen zu erschließen und sich so immer weiter zu verändern. Luxemburgs Losung »Sozialismus oder Barbarei« fasst die Konsequenz dieser Gewaltspirale zusammen: Entweder gelingt den modernen Gesellschaften der Austritt aus dem Wachstumszwang, oder sie werden immer wieder in die massive Gewaltspirale von Imperialismus und Faschismus geraten.

## Vagabund:innen, Häretiker:innen, Maroons

Was bedeutet diese Gewaltgeschichte des Weltverlusts durch Enteignung für eine Theorie der Flucht? Die Politikwissenschaftlerin Ayten Gündogdu hat gezeigt, wie sich Arendts Begriff des Flüchtlings erweitern lässt. Sie hat Arendts phänomenologische Bestimmung des menschlichen Seins als Trias aus Arbeiten, Herstellen und Handeln[48] als Ausgangspunkt genommen, um auch die ökonomischen Komplikationen der Flucht herauszuarbeiten. Damit gibt sie dem engen Begriff des Flüchtlings eine soziale, ökonomische und private Dimension.[49] So müssen die Vertriebenen des Nationalismus durch all die Vertriebenen ergänzt werden, die durch den Kapitalismus enteignet wurden.

Im Folgenden wird die Flucht aufgrund von Enteignung als eine Genealogie verschiedener Fluchtbewegungen skizziert. Die Geschichte der Flucht reicht zurück zu den Vorläufer:innen der Flüchtlinge in Arendts Sinne, zu Asylant:innen, Exilant:innen und Religionsflüchtlingen und gleichzeitig über diese Vertriebenen der neuzeitlichen und modernen Staaten hinaus. Schließlich wurden seit Jahrhunderten Massen von Menschen durch die Verwüstungen und Enteignungen des Kapitalismus vertrieben.

Viele der Arbeitskräfte, die den Boden für den Kapitalismus ebneten, waren Flüchtende.[50] Sie entwaldeten die Kontinente, gruben nach Kohle und Erzen, bauten Kanäle und Dämme, entwässerten das Land, legten Felder an, bauten Straßen, Eisenbahnlinien, Häfen und Kanalisationen, errichteten Städte, Häuser und Paläste und schufen so die Infrastruktur der modernen Welt. Sie taten das nicht immer freiwillig. Viele dieser Arbeiter:innen, Sklav:innen und Zwangsarbeiter:innen wurden enteignet, von Gemeingütern vertrieben, ausgebeutet, eingesperrt, zur Arbeit gezwungen, in die Kolonien verschifft und schlimmstenfalls am Ende auf Scheiterhaufen verbrannt oder gehängt. Viele starben aufgrund der unmenschlichen Arbeitsbedingungen. Vertreibungen waren wesentlicher Teil dieser Gewalt ebenso wie Raub, Arbeitszwang und die Internierung auf Plantagen, Schiffen und in Gefängnissen. Die Geschichte der Arbeiter:innen ist daher eine Geschichte der Vertreibungen. Sie ist aber auch eine Geschichte der Flucht aus Sklaverei, schlechten Arbeitsbedingungen, Gefängnissen und Lagern.[51]

Ihre Geschichte beginnt im ausgehenden Mittelalter.

Das damalige feudale System war geprägt von einem Kampf um die Feudalrente, also um den Überschuss der bäuerlichen Arbeit, den der Adel für sich beanspruchte und der Bevölkerung mit Hilfe von Frondiensten und Abgaben abpresste.[52] Prozesse der Enteignung begannen bereits mit der Einführung der Geldwirtschaft im 13. Jahrhundert. Fortan wurden Frondienste durch Geldabgaben ersetzt, was zu Verschuldung und damit zu Enteignungen führen konnte. Die bäuerliche Dorfgemeinschaft wurde so gespalten in reichere Bäuer:innen mit viel Grund und in verarmte, die als Tagelöhner:innen arbeiten mussten.[53] Revolten und Aufstände, ihre Niederschlagung, Verhandlungen, Zugeständnisse an die Bäuer:innen oder aber ihre verstärkte Unterdrückung waren die Folge. Viele Bäuer:innen flohen aus dieser Unterdrückung und verließen das Land ihrer Grundherren. Sie siedelten sich entweder anderswo an, wo die Bedingungen besser waren, oder zogen als Vagabund:innen[54] umher. Ein Teil dieser mobilen Unterschichten, überwiegend Frauen, zog in die Städte, um dort zu arbeiten. Ein anderer Teil begab sich auf die Suche nach Arbeit auf dem Land. Diese Landflucht konnte in Kriege, Zwangsarbeit oder religiöse Bewegungen münden.

Die Pestepidemien des 14. Jahrhunderts, das Ende der kleinen mittelalterlichen Warmzeit und die Erschöpfung von Böden lösten dann eine feudale Krise aus. Der Pest fielen 30 bis 40 Prozent der europäischen Bevölkerung zum Opfer, was einen gewaltigen Mangel an Arbeitskräften erzeugte. Die Feudalrente brach ein. Die Oberschichten versuchten daraufhin, die Unterschichten an der Flucht aus der Unterdrückung zu hindern oder sahen sich nach neuen Einnahmequellen um. Die Macht der besitzlosen, arbeitenden Unterschichten wuchs: Die Leibeigenschaft wurde fast vollständig aufgegeben, Löhne stiegen, Brotpreise sanken, und der Lebensstandard der Unterschichten stieg auf ein Hoch, das erst Jahrhunderte später wieder erreicht werden sollte.

Ermutigt von diesen Entwicklungen kämpften verschiedene Bauernaufstände und Rebellionen bis ins 16. Jahrhundert für eine Abschaffung der Adelsprivilegien und für radikale Gleichheit. Für einige Jahrhunderte war nicht klar abzusehen, ob sich die Oberschichten durchsetzen würden. Sie gingen deshalb umso härter gegen die Vagabund:innen vor und versuchten, ihre Mobilität durch Gesetze und Gewalt zu verhindern oder die Unterschichten zu spalten. Dafür schürten sie religiösen Hass oder führten staatliche Bordelle ein, was Frauen in die Eigentumsordnung presste und Männern Sex anstelle sozialer Umbrüche versprach.[55]

Häretische Bewegungen politisierten die Umherziehenden teils religiös und statteten sie mit einer Art früher »Befreiungstheologie« aus, die für eine Demokratisierung der feudalen Strukturen eintrat und deshalb unnachgiebig verfolgt wurde.[56] Bewegungen wie die der Katharer:innen, der Taborit:innen, der Waldenser:innen strebten mittels Religion eine politische, soziale und kulturelle Erneuerung an und zogen von überallher Flüchtende an.[57] Die Taborstraße im Wiener zweiten Bezirk erinnert heute noch an die Verteidigungsanlage, die Wien Anfang des 15. Jahrhunderts im Schwemmland der Donau gegen die Taborit:innen anlegte. Die Versuche, außerhalb der feudalen und städtischen Macht eigenständige Gemeinschaften zu gründen, führten über Jahrhunderte zu erbitterten Kämpfen, welche letztlich alle verloren gingen.

Diese frühen Formen der widerständigen Landflucht wurden durch verschiedene Wellen von Enteignungen intensiviert. Karl Marx beschrieb diese Entwicklung idealtypisch anhand der englischen Geschichte ab dem späten 15. Jahrhundert. Entscheidend waren für Marx die »Momente, worin große Menschenmassen plötzlich und gewaltsam von ihren Subsistenzmitteln losgerissen und als vogelfreie Proletarier auf den Arbeitsmarkt geschleudert werden.« Die »Expropriation des ländlichen Producenten, des Bauern, von Grund und Boden«[58] löste massive Fluchtbewegungen aus und wurde durch die Reformation verschärft. In ihr wurde kirchlicher Landbesitz von Adligen und Bürgerlichen beschlagnahmt und Pachtverträge wurden aufgelöst, was viele Bäuer:innen pauperisierte und zur Flucht zwang.

Die Privatisierung brachte eine grundlegende Transformation der Bodenbewirtschaftung in Gang. Vor den Privatisierungen war das Land geprägt gewesen von dörflichen Strukturen mit hoher Bevölkerungsdichte, vielen kleinen Landparzellen und gemeinschaftlich genutzten Allmenden. Durch die Enteignungen und das Ende der Allmendewirtschaft verschwanden ganze Dörfer von den Landkarten. Großflächiger Grundbesitz ersetzte das kleinteilig bewirtschaftete Land und die gemeinsam genutzte Allmende. Oftmals wurde der Ackerbau durch Schafweiden verdrängt, da sich Wolle auf den internationalen Märkten verkaufen ließ. Diese Enteignungen wurden als Einhegungen, als *enclosures*, bekannt: Hecken und Zäune beschnitten das ehemals gemeinschaftlich genutzte Land der *Commons* und die ehemaligen Felder der Enteigneten.

Die mobilen Unterschichten wurden in der Folge als Vagabund:innen zum Problem deklariert, mit harten Gesetzen verfolgt und massenhaft hingerichtet, verstümmelt oder eingesperrt. Sie wurden zur Arbeit gezwungen und in die Kolonien verschifft. Gemeinsam mit den enteigneten Kolonialisierten waren sie die »Holzhauer und Wasserträger«, die gezwungen wurden, die Infrastruktur des Merkantilismus aufzubauen.[59] Ihre Disziplinierung in Arbeitshäusern, auf Plantagen, in Schiffen und Gefängnissen haben Michel Foucault[60] und Silvia Federici[61] beschrieben. In der aufkommenden Neuzeit und Moderne bildeten sich zunächst grausame und gewaltvolle, später dann immer perfidere Institutionen der Einschließung heraus, mit denen die Flucht der Vagabund:innen kontrolliert werden sollte. Von den Hexenverfolgungen und den Blutgesetzen der Frühen Neuzeit über die Schiffe, Plantagen, Bergwerke, Arbeitshäuser und Manufakturen bis hin zu Gefängnissen und Psychiatrien, Fabriken und Kasernen wurden die Kontrollinstitutionen effizienter. Im Zuge dessen setzten sie immer weniger auf das Spektakel von Gewalt und Terror, sondern vielmehr auf eine Erziehung zur disziplinierten Arbeit. Die Einhegungen betrafen also nicht nur das Land, auch die Menschen wurden zunehmend eingezäunt und ihre Körper und Praktiken kontrolliert.

Mit der Einführung von Institutionen der Disziplin und Kontrolle änderten sich auch die Routen der Vagabund:innen, die nicht mehr vom enteigneten Land und vor dem Terror der Obrigkeit flohen, sondern ebenso aus den Institutionen der Einschließung. Arbeiter:innen und Sklav:innen flohen von Plantagen und Schiffen ins Hinterland und in indigene Gemeinschaften. Viele entkamen der Repression durch Arbeit und Staat, hegten an den Frontiers des Kolonialismus selbst Land ein und entzogen sich den staatlichen und privaten Arbeitsregimen und Kontrollmechanismen zumindest teilweise. Diese Fluchtbewegungen zeichneten sich durch ein Streben nach Autonomie aus, das häufig religiös fundiert war. Zwei dieser vielfältigen Fluchtbewegungen möchte ich kurz herausgreifen, die der Digger während der Glorious Revolution und einiger Maroon-Gemeinschaften.

## Utopische Fluchtgemeinschaften

Die Privatisierung der Allmende war im England des 17. Jahrhunderts zu einem politischen Problem geworden. Während des Konflikts zwischen Großgrundbesitzern und König im Bürgerkrieg der 1640er Jahre stellten Teile der Unterschichten radikale Forderungen nach einer Welt ohne Geld, nach einem religiösen Leben ohne staatlichen Einfluss, nach Abschaffung der Todesstrafe und der Sklaverei, nach der Gleichstellung der Frauen, nach Vegetarismus und einer Wiederherstellung der *Commons*. Zudem wurden Proteste laut gegen erzwungene Arbeit und Deportationen, wie beispielsweise das Kidnapping, das Verschleppen von Kindern in die Kolonien.[62] Die Digger, der radikale Flügel der Revolutionär:innen, zielten nicht allein auf politische Gleichheit und Freiheit wie die Levellers, sondern wollten eine radikale Umverteilung und autonome Verwaltung erkämpfen. Im Zuge des Bürgerkriegs entflohen einige dieser Gemeinschaften der Unterdrückten, besetzten Land und begannen ein Leben in Kommunen zu führen. Ihre Hoffnung war, dass ein Großteil der ländlichen und städtischen Bevölkerung diesem Beispiel folgen, sich die *Commons* zurückerobern und so der Macht des Staates und des Frühkapitalismus entkommen würde. Doch der Plan der massenhaften Abwendung von Staat und Kapital ging nicht auf, und die neu gegründeten Gemeinschaften wurden innerhalb weniger Monate von der Obrigkeit zerstört.

Die Fluchtgemeinschaften der Maroon-Communitys und Pirat:innen, die im 17. und 18. Jahrhundert von den Schiffen und Plantagen in den beiden Teilen Amerikas entkamen, konnten sich teilweise länger halten. Sklav:innen und Zwangsarbeiter:innen flohen von den Plantagen ins Hinterland der Kolonien, um sich dort häufig mit indigenen Gesellschaften zusammenzutun. Diese Maroon-Gruppierungen lebten einerseits als Jäger:innen und Sammler:innen und plünderten andererseits die Reichtümer der Kolonien. Sie befreiten Sklav:innen und organisierten sich in kreolischen Kulturen. Legenden umranken die Maroon-Anführerin Granny Nanny, die durch geschickte Guerillataktiken die Brit:innen in den Maroon-Kriegen auf Jamaica zu Beginn des 18. Jahrhunderts zu einem Friedensvertrag zwang. Ebenso legendär sind die Quilombos von Palmares, die im 17. Jahrhundert bis zu 30 000 Menschen umfassten. Möglichkeit zum Rückzug hatten Maroon-Gemeinschaften vor allem im schwer zugänglichen Hinterland der Kolonien,[63] wie in den Sümpfen Virginias,[64] den bergigen Wäldern Jamaicas und Barbados oder in den Wäldern Surinams und Brasiliens, wo sich die Kolonialisierten mit entlaufenen Zwangsarbeiter:innen und Sklav:innen zusammentaten und mehr oder weniger autonome Siedlungen errichteten.[65] Die Aktivitäten der Quilombos, Cumbes, Palenques, Cimarrones oder Maroons werden bis heute als Inspiration für autonome Bewegungen verstanden.

## Religionsflüchtlinge

Fluchtbewegungen wie die der Vagabund:innen und Maroons bilden seit dem Mittelalter ein wiederkehrendes Muster. Meist getrennt davon wird die Religionsflucht verhandelt. Für den Historiker Philipp Ther ist die neuzeitliche europäische Geschichte der Vertreibung geprägt durch Religionsflüchtlinge,[66] wobei es neben den bekanntesten Fluchtbewegungen der sephardischen Jüd:innen und der arabischen Bevölkerung von der iberischen Halbinsel und später der Protestant:innen aus Frankreich noch unzählige weitere gab. Die Reformation sorgte nicht nur für massive Landflucht, sondern auch für umfangreiche religiös organisierte Vertreibungen in Europa. Hintergrund war oft nicht nur ein religiöser Konflikt, sondern ebenso ein politischer, der aber unter dem Deckmantel der Religion ausgefochten wurde. Der Religionsflucht lag häufig ein Konflikt zwischen zentraler, absolutistischer Macht und dezentraler Macht des Adels und des entstehenden Bürger:innentums zu Grunde.[67] 170 000 der 800 000 Hugenott:innen Frankreichs wurden nicht nur vertrieben, weil sie keine Katholik:innen waren, sondern weil sie sich religiös nicht steuern ließen und tendenziell gegen die zentralistische Macht stellten.[68]

In der Frühen Neuzeit existierten Individuen und Staaten noch nicht in ihrer heutigen Form. Die Grenzen zwischen den Nationen und den Menschen waren damals anders organisiert, als sie das heute sind. Nationalistische Ideologien hatten noch nicht Fuß gefasst, und die lokalen und religiösen Zugehörigkeiten spielten demnach eine wichtigere Rolle als die Zugehörigkeit zu einem Staat oder Reich. Ohne moderne Kommunikationsmittel und Infrastruktur organisierten sich die Menschen naheliegenderweise in lokalen Gemeinschaften, seien es Dörfer, Städte, Zünfte oder religiöse Gemeinden, die von Sozialleistungen bis Kreditvergabe das Leben regelten.

Durch Religionen ließen sich kollektive Identitäten jenseits der regionalen Zugehörigkeit formen. Vor der Einführung neuzeitlicher Regierungstechniken waren sie ein zwar unpräzises, aber dafür breit wirksames Steuerungssystem. Die Technologien des Selbst-Werdens und des Staat-Werdens waren noch nicht entwickelt und die bürokratische Kontrolle großer Bevölkerungen noch nicht erfunden worden. Die Körper, das Eigentum und die Nationalität waren noch nicht umfassend eingehegt.

Die religiösen Vertreibungen mochten für die zentralistischen und absolutistischen Machthaber:innen kurzfristige Gewinne bedeuten, sei es durch den Raub des Eigentums oder durch die Verkleinerung der bürgerlichen Schicht. Auf längere Sicht schwächten die Vertreibungen die Reiche allerdings kulturell und wirtschaftlich, was sich exemplarisch am Beispiel der Vertreibung der Muslim:as und Jüd:innen aus Spanien zeigte. Denn die Religionsflüchtlinge der Frühen Neuzeit wurden fortan andernorts in Handel, Landwirtschaft und früher Industrie beschäftigt, an der Frontier und in den Kolonien angesiedelt oder von Ländern mit gleicher oder ähnlicher Religion aufgenommen.

Für die merkantilistisch und kolonialistisch geprägten Wirtschaftssysteme der Frühen Neuzeit, die ihre Rohstoffe aus den Kolonien raubten und in Europa stark auf Manufakturen und Handel setzten, dabei aber weiterhin stark agrarisch geprägt waren, war die Ansiedlung von Geflüchteten daher attraktiv. Die Fluchtbewegungen wurden demnach durch Religionszugehörigkeiten, Kolonialismus und die Logik des Merkantilismus abgefedert. Die »multikulturellen« Reiche der damaligen Zeit waren prinzipiell an hohen Bevölkerungszahlen interessiert. Viele Staaten warben sogar aktiv um Migrant:innen und versprachen Land und steuerliche Begünstigungen. Gerade Hugenott:innen und sephardische Jüd:innen waren oftmals begehrte Flüchtende, was daran lag, dass sie an den Höfen aktiv Werbung für sich machten. Die Herrschenden der Aufnahmeländer erhofften sich zudem durch sie eine Belebung des Handels und waren an ihren handwerklichen und unternehmerischen Fähigkeiten interessiert. Wenn sich herausstellte, dass die Flüchtenden nicht hochqualifiziert waren oder über handwerkliche Fertigkeiten verfügten, konnten sie zudem relativ einfach auf dem Land angesiedelt werden, wo sie sich manchmal sogar steuerfrei selbst organisieren durften.[69]

Philipp Ther schildert die Aufnahme der Hugenott:innen in Berlin als Erfolgsgeschichte. Ähnlich erfolgreich verlief die Fluchtmigration aus dem katholischen Süden der Niederlande nach Holland. Die Einwohnerzahlen der holländischen Großstädte verdoppelten sich in kurzer Zeit, und Holland erlebte durch die Migrant:innen einen wirtschaftlichen und kulturellen Aufschwung. Es wurde zum Vorbild für die europäischen Staaten, als dicht besiedeltes, auf den Handel konzentriertes Land, mit einer für die damalige Zeit recht liberalen und »multikulturellen« Gesellschaft.

Doch die Religionsflüchtlinge waren nicht immer willkommen. Die Stadt Leipzig forderte im frühen 18. Jahrhundert eine Regulierung, die an das heutige System der sogenannten sicheren Drittstaaten erinnert: Glaubensflüchtlinge, die auf ihrem Weg durch ein anderes Land gezogen waren, in dem sie nicht verfolgt wurden, sollten in Leipzig nicht mehr unterstützt werden.[70] Manche Fluchtbewegungen, wie die der Hutterer nach Russland und in die USA, endeten in einer Katastrophe. Da aber meist die Sieger:innen die Geschichte schreiben, sind die Fluchtkatastrophen nicht so gut überliefert wie ihre Erfolgsgeschichten. Geschichten von Solidarität, Mitleid, Barmherzigkeit, Neugründung und kultureller Blüte dürfen nicht darüber hinwegtäuschen, dass Vertreibungen auch damals Abertausende von Leben kosteten.

## Vagabund:innen und Religionsflüchtlinge als Kontinuum

Es ist naheliegend, die Religionsflüchtlinge als Vorläufer:innen der politischen Flüchtlinge des 20. Jahrhunderts zu beschreiben. Schließlich passen sie aufgrund ihrer religiösen Vertreibung sogar in die enge Definition der Genfer Flüchtlingskonvention. Der Begriff der Religionsflucht könnte demnach als historisches Beispiel einer Legitimation der Trennung von politischer Flucht und wirtschaftlicher Migration verstanden werden. Auf der einen Seite stünden die sogenannten Religionsflüchtlinge, auf der anderen die Vagabund:innen. Die einen wären die Vorläufer der politischen Flüchtlinge, die anderen die der ökonomischen Migrant:innen. Passenderweise bekamen schon damals die Religionsflüchtlinge Unterstützung und Armenhilfe von den Kommunen, während die Vagabund:innen grausamen Gesetzen unterworfen, abgewiesen und abgeschoben wurden.

Doch Religionsfluchten lassen sich nicht so einfach von der Vagabondage abgrenzen. Vielmehr vermischten sich schon damals verschiedene Fluchtbewegungen. Der Historiker Alexander Schunka zeichnet das Bild einiger pfälzischer Flüchtender im Jahr 1709, die im Zuge einer Kettenmigration als Religionsflüchtlinge nach London gekommen waren und hofften, wie ihre

Vorgänger:innen versorgt und nach Amerika verschifft zu werden. Allerdings waren diese in London unerwünschten Flüchtenden eine recht bunte Gruppe von Lutheraner:innen, Reformierten und Katholik:innen, die gar nicht alle aus der Pfalz stammten.[71] Glaubens- oder Religionsflüchtlinge flohen oftmals aus verschiedenen Gründen, seien es soziale, ökonomische oder kulturelle. Die religiöse Verfolgung mag in vielen Fällen den Anlass gegeben haben, die Gesamthintergründe waren aber meist komplizierter.

Obwohl die Fluchtbewegungen der Frühen Neuzeit nicht homogen waren, hat sich der Begriff der Religionsflucht durchgesetzt. Schunka benennt dafür mehrere Gründe: Erstens wurden natürlich viele Menschen tatsächlich aufgrund ihres Glaubens vertrieben. Zweitens half der Begriff Flüchtenden, an Armenfürsorge und Unterstützung zu kommen. Und drittens wurde er von einer protestantischen Publizistik verklärt, die dadurch die Aufnahmebereitschaft für flüchtende Protestant:innen erhöhte.[72] Religionsflucht sollte als durchaus umstrittener Begriff mit Vorsicht verwendet werden, weil er aus den vielfältigen Fluchtbewegungen der Frühen Neuzeit einen reinen Kern religiös Vertriebener konstruiert.

Die Rede von den Religionsflüchtlingen unterschlägt zudem all die kolonialisierten und der Zwangschristianisierung unterworfenen Menschen. Die Vertreibungen aufgrund von Religion beschränkten sich durchaus nicht auf den europäischen Kontinent, gerade auch in den Kolonien wurden Menschen wegen ihres Glaubens oder ihrer Lebensweise vertrieben und ermordet. Das Christentum lässt sich aus heutiger Sicht als eine Regierungstechnologie verstehen, die eine ganz bestimmte Subjektkonstitution und Gesellschaftsordnung einrichtete und Gesellschaften auf dieser Grundlage regierbar machte. Gleichzeitig lieferte die religiöse Herrschaft schon eine Legitimation für gewaltvolle Grenzziehungen, bevor es moderne Nationalstaaten, Bürokratie und Imperialismus gab. Der Literaturwissenschaftler Edward Said hat beispielsweise den europäischen, christlichen Rassismus gegenüber dem Islam beschrieben.[73] Noch härter fielen die Urteile der Europäer:innen gegenüber dem Judentum und pantheistischen und teilweise schriftlosen Religionsgemeinschaften aus. In der Frühen Neuzeit flohen Menschen massenhaft aus religiösen Gründen, und religiöser Rassismus wurde als Herrschaftsmittel eingesetzt. Eine Betrachtung der neuzeitlichen Fluchtbewegungen unter dem Signum Religionsflucht müsste deshalb sowohl die kolonialistischen Implikationen der Religionsherrschaft als auch die Geschichte der Vagabund:innen berücksichtigen.

## Ideologieflüchtlinge

Eine ähnliche Problematik wie der Begriff der Religionsflüchtlinge weist auch der Begriff der politischen Exilant:innen oder Ideologieflüchtlinge auf. Die zweite große Linie, die Philipp Ther in seiner Geschichtsschreibung der Flucht neben den Religionsflüchtlingen aufzeigt, sind die politisch-ideologischen Flüchtlinge der diversen Revolutionen und Konterrevolutionen des ausgehenden 18. und des 19. Jahrhunderts.[74] Obwohl diese politischen Flüchtlinge im zahlenmäßigen Vergleich zu den Religionsflüchtlingen und den Flüchtlingen des Nationalismus im 20. Jahrhundert kaum ins Gewicht fallen – selbst nach umfassenden gescheiterten oder gelungenen Revolutionen flohen allenfalls ein paar tausend (Konter-)Revolutionär:innen –, prägen sie bis heute den Begriff der Flucht entscheidend.[75]

Was diese Gruppen, ähnlich wie die in Erinnerung gebliebenen Hugenott:innen, auszeichnete, war ihre Klasse: Denn um sich in politische Angelegenheiten einzumischen, brauchte es vor allem Zeit und Geld. Die politischen Flüchtlinge des 19. Jahrhunderts waren Teil einer gesellschaftlichen Elite und prägten die Öffentlichkeit in den Aufnahmeländern nicht nur passiv, indem über sie berichtet wurde, sondern vielmehr auch aktiv, indem sie sich selbst äußerten und organisierten.[76] Die politischen Flüchtlinge des 19. Jahrhunderts konnten sich also nicht nur auf die Internationalität der Linken und Liberalen verlassen, sondern brachten zudem kulturelles und teilweise auch finanzielles Kapital mit. Sie prägten auf diese Weise ein positives Bild von politischen Flüchtlingen, das sich auch rechtlich niederschlug. In den USA und einigen europäischen Staaten wurde nach den Fluchtbewegungen der Revolutionen 1830/31 und 1848/49 ein Asylrecht eingeführt.[77] Aus der 1848er-Fluchtbewegung entwickelte sich sogar ein transatlantischer Mythos, indem die USA zum Land der Flüchtlinge und Migrant:innen erklärt wurden und viele 1848er:innen dort Karriere machten.[78]

Im 19. Jahrhundert flohen italienische Nationalist:innen und polnische Republikaner:innen in die Schweiz sowie deutsche Kommunist:innen und Anarchist:innen nach London und in die USA. Die politischen Flüchtenden wurden zunächst relativ problemlos aufgenommen. Die Grenzen wurden damals kaum kontrolliert, und die Ankunftsgesellschaften pflegten einen offenen Umgang mit den tragischen Gestalten, die hofften, wieder zurückkehren zu können, um bei der nächsten Revolution eine entscheidende Rolle zu spielen. Ein Beispiel war Giuseppe Garibaldi, den seine zahlreichen Fluchten nicht davon abhielten, in Südamerika wie in Europa revolutionär zu intervenieren. Exemplarisch war auch der Flüchtende Karl Marx, der im Exil in London seine Kritik an den massenhaften und grausamen Enteignungen und Ausbeutungsstrukturen des Kapitalismus schrieb.

Die prominenten Geschichten der großen politischen Revolutionär:innen und Konterrevolutionär:innen sollten aber nicht darüber hinwegtäuschen, dass die politischen Bewegungen nicht nur das Produkt einiger weniger waren, die nach ihrem Scheitern fliehen mussten. Schon in der Französischen Revolution forderten auch die Unterschichten Gemeingüter,[79] indem sie an frühkommunistische Ideen und Experimente anschlossen. In den modernen Revolutionen kämpfte nicht nur das Bürger:innentum gegen den Adel: Teil der Kämpfe war auch eine Masse aus Notleidenden, Vagabund:innen, Arbeiter:innen, Enteigneten und Flüchtenden.

Die Erzählungen von den vereinzelten Revolutionsflüchtlingen sollten demnach durch die Arbeiter:innengeschichte ergänzt werden. Die Exilant:innen und Ideologieflüchtlinge müssen im Zusammenhang mit den Fluchtbewegungen der Unterschichten gesehen werden. Während des 18. und 19. Jahrhunderts wurden die Enteignungen ebenso fortgesetzt wie die Einschließungen der Enteigneten in Arbeitshäusern, Plantagen, Gefängnissen, Manufakturen und Fabriken. Der Philosoph Thomas Nail beschreibt, wie sich aus dem Fluchtregime der Vagabund:innen das der Proletarier:innen herausbildete. Den Grund dafür sieht Nail in der »heiligen Trinität der Proletarisierung (Ausschluss vom Eigentum, städtische Arbeit und biologische Fruchtbarkeit)«.[80] Die

Arbeiter:innen organisierten sich in sozialen Bewegungen, die mehrheitlich aus Vertriebenen und Geflüchteten zusammengesetzt waren, und bildeten einen entscheidenden Teil der wachsenden Stadtbevölkerungen und der Massen, die durch die Revolutionen in Bewegung gesetzt worden waren.

Ebenso wenig sollten die Millionen von Flüchtenden vergessen werden, die Europa in Richtung der beiden Amerikas und der Kolonien verließen. Aus verschiedenen Teilen Europas flohen Millionen von Menschen vor Hunger, Elend und Unterdrückung. Beispielhaft dafür steht die Flucht von 1,5 Millionen Ir:innen, die im Zuge der großen Hungersnot in der Mitte des 19. Jahrhunderts vertrieben wurden. Diese Flüchtenden als Wirtschaftsmigrant:innen abzutun, wird den politischen Hintergründen der Hungersnot nicht gerecht. Erst die Folgen des Kolonialismus sowie der Unterdrückung und Ausbeutung der irischen Bevölkerung brachte die große Hungersnot überhaupt hervor, und der fehlende politische Wille, sie zu beenden, führte schlussendlich zum Tod von Millionen von Ir:innen. Während des Massensterbens wurde weiter Getreide aus Irland exportiert, was durch rassistische, malthusianische Ideologien von Überbevölkerung gerechtfertigt wurde. Die geflohenen Ir:innen sind Teil all der Vertriebenen in der ganzen Welt, die von den europäischen Großmächten durch Kolonialismus und Imperialismus zur Flucht gezwungen wurden.

Genozidale Hungerpolitiken wiederholte das britische Kolonialreich bis zum Ersten Weltkrieg mehrfach in Indien.[81] Millionen Menschen flohen vor den rassistischen Ideologien der Kolonisator:innen. Diese Flüchtenden können ebenfalls als Ideologieflüchtlinge verstanden werden. Auch wenn ihre Weltbilder und Lebensweisen nicht immer schriftlich festgehalten und oftmals im Zuge der europäischen Expansion vernichtet wurden, waren ihre Proteste und Fluchten nicht weniger politisch.[82]

## Der Flüchtling und die Flüchtenden

Arendts moderner Flüchtlingsbegriff umfasst nur einen kleinen Teil einer kaum überschaubaren Masse an fliehenden Menschen, die durch Enteignung und Ausbeutung von Nationalstaaten und

Kapitalismus vertrieben wurden und werden. Geschichten des Flüchtlings destillieren aus der Masse der Vertriebenen die politischen Flüchtlinge, die vor Verfolgung aufgrund ihrer Positionen oder ihres Status als Minderheit fliehen. Sie ignorieren die Flüchtenden, die durch die Verwüstungen des Kolonialismus, Kapitalismus und Imperialismus vertrieben werden. Den Fluchterzählungen wird so eine Unterscheidung von Flüchtling und Migrant:in eingeschrieben, die Politik und Wirtschaft, Staat und Kapitalismus auseinanderhalten will. Doch die Geschichte der Flucht ist nicht nur die Geschichte der tragischen Gestalten, die durch die Entstehung der modernen Staaten ausgegrenzt wurden. Es ist auch die Geschichte der Vertriebenen des Kapitalismus. Staat und Kapitalismus entwickelten sich im Weltsystem parallel, und die Geschichte der Flucht vollzieht sich nicht nur vor dem Hintergrund der sich bildenden Nationalstaaten, sondern auch vor dem des Kolonialismus und Imperialismus.[83]

Um diese Verkürzung zu vermeiden, unterscheide ich zwischen einem engen Begriff des Flüchtlings und einem weiten Begriff der Flüchtenden. Der enge Begriff des Flüchtlings konzentriert sich im Sinne Arendts auf die Nationalismusflucht und seine Vorläufer Religionsflüchtlinge und Exilant:innen. Der weite Begriff der Flüchtenden versammelt daneben auch die Fluchtbewegungen von Vagabund:innen, Häretiker:innen, Arbeiter:innen, Zwangsarbeiter:innen, Hexen, Versklavten, Deserteur:innen, Pirat:innen und Maroons.

Die Beschäftigung mit Marx, Luxemburg und den Enteignungen der sogenannten ursprünglichen Akkumulation öffnet den Blick für Fluchtbewegungen, die in der Geschichtsschreibung oft ignoriert wurden. Die Landnahme durch Einhegungen und Kolonialismus und die Leibnahme durch Gefängnisse, Arbeitshäuser, Schiffe und Plantagen führten wie gesagt zu massenhaften Fluchtbewegungen überall auf der Erde. Flüchtende flohen auf und zwischen allen fünf Kontinenten. Theorien der ursprünglichen Akkumulation können helfen zu verstehen, wie verschiedene Flüchtende von vergleichbaren und miteinander zusammenhängenden Dynamiken der Gewalt vertrieben wurden. Für eine umfassendere Geschichte der Flüchtenden müssten demnach verschiedene Ansätze wie die Arbeiter:innengeschichte,

Rassismus- und Antisemitismusforschung, de- und postkoloniale Theorien, (queer-)feministische Lesarten, Black Radical Tradition und Indigenous Studies miteinander verbunden werden. Diese Traditionen schlüsseln Frühe Neuzeit und Moderne von sozialen und politischen Kämpfen her auf. Es sind Gegengeschichten, die sich gegen die fortschrittlichen Mythen von Staat und Kapital stellen und stattdessen auf deren Gewalt und den Widerstand dagegen fokussieren.

Die Geschichten von erzwungener politischer Flucht und vermeintlich freiwilliger wirtschaftlicher Migration könnten so zu einer Geschichte der Flüchtenden zusammengeschrieben werden. Vagabund:innen lassen sich nicht in die Unterscheidung zwischen ökonomischen Migrant:innen und politischen Flüchtlingen zwängen, denn Politik und Wirtschaft lassen sich nicht trennen. Vielmehr verschränken sie sich von Beginn des Kapitalismus an: Die Enteignungen der Landbevölkerung und der Menschen in den Kolonien waren staatlich organisiert, und die Disziplinierung und Unterdrückung der Vagabund:innen hätte sich nie ohne politische Macht und staatliche Unterstützung organisieren lassen. Die Vagabund:innen, Pirat:innen und Maroons wurden immer auch politisch verfolgt, was sich in den von Marx beschriebenen Blutgesetzen ebenso zeigt wie in der Geschwindigkeit und Grausamkeit, mit der die Neugründungen der Fluchtgemeinschaften zerstört wurden.

Auch die sogenannten Religions- und Ideologieflüchtlinge waren keine homogenen Gruppen mit einheitlichen Motiven. Einige Exilant:innen mögen zu tragischen und heldenhaften Ausnahmegestalten stilisiert worden sein, waren aber meist Teil größerer Fluchtbewegungen. Hoffnung auf eine bessere Zukunft, ökonomische Not, Pandemien und Naturkatastrophen verknoteten sich mit politischer Verfolgung zum kaum zu entwirrenden Chaos der Vertreibung. Die Religionsflüchtlinge flohen auch vor staatlich wie ökonomisch produzierter Armut, Ausbeutung und Enteignung und waren häufig eine ähnlich divergente mobile Masse wie die Vagabund:innen.

Das gilt auch für die von Arendt beschriebene Zwischenkriegszeit. Gerade in dieser Periode der Finanz- und Wirtschaftskrisen waren parallel zu den Nationalismusflüchtlingen auch Massen an

Kapitalismusflüchtenden auf den Straßen unterwegs. Die Wirtschaftskrise traf die Unterschichten besonders hart. 1927 gründete Gregor Gog die »Bruderschaft der Vagabunden« und machte Till Eulenspiegel zu ihrer Ikone. Die Bruderschaft versammelte 1929 immerhin 500 Vagabund:innen in Stuttgart zu einem Kongress. Dahinter stand der Versuch, die als »Mob«, »Landstreicher« und »Lumpenproletariat« verschrienen mobilen Massen mit anarchistischen Ideen wie einem lebenslangen Generalstreik und der Selbstorganisation durch gegenseitige Hilfe zu politisieren. Doch die Bewegung wurde wenige Jahre später von den Nazis zerschlagen.[84]

Arendts Blick auf die Flucht muss erweitert werden. Die Fluchten der Vagabund:innen und all der Sklav:innen, Zwangsarbeiter:innen, Maroons, Pirat:innen, Pauperisierten, Häretiker:innen und Revoltierenden, die an den Frontiers des Kapitalismus ausgebeutet und enteignet wurden, erweitern die europäische Geschichte der Flucht aus Nationalstaaten zu einer transnationalen Geschichte der Verwüstungen des Kapitalismus. Die Geschichte der Nationalstaaten lässt sich nicht ohne die Geschichte der Kolonialreiche erzählen, aus denen sie hervorgegangen sind und deren Wirtschaftsordnung sie nie abgestreift haben. Die Verfolgung von Minderheiten im Inneren und die Vertreibungen durch Armut, Enteignung und Ausbeutung an den Frontiers sollten in einer minoritären Geschichte der Flüchtenden zusammengefasst werden.

Die weiter gefasste Geschichte der Flüchtenden ist die Geschichte der Verwüstungen des Kapitalismus, der Vertreibung von Grund und Boden und der Vernichtung eines großen Teils der Menschheit. Es ist aber auch eine utopische Geschichte des Ausbruchs aus den kapitalistischen Institutionen wie Schiffen, Plantagen, Gefängnissen und Arbeitshäusern.

Die mobilen Unterschichten waren nicht nur Opfer, sondern auch eine »vielköpfige Hydra«,[85] eine mobile Masse, eine gefürchtete Multitude, die sich in widerständigen Bewegungen zusammenfand, Revolten, Aufstände und Revolutionen anzettelte und utopische Fluchtgemeinschaften gründete. In der Geschichte der Vagabondage liegen nicht nur die Schrecken der Gefängnisse, Blutgesetze, Versklavung und Zwangsarbeit, sondern auch anarchische Erzählungen der Autonomie und der Revolte. Der Ausbruch aus gewaltvollen staatlichen und kapitalistischen Zwängen ist das nicht eingelöste Versprechen dieser Geschichten. Bevor ich diese Politiken der Flüchtenden im dritten Teil beschreibe, möchte ich die historischen Debatten zur ursprünglichen Akkumulation und ihren Vertreibungen noch einmal aktualisieren.

## Inseln des Wohlstands im Meer der Gewalt

Nauru war in den 1970er Jahren eines der wohlhabendsten Länder der Welt.[86] Der Reichtum der kleinen pazifischen Insel mit 7 000 Einwohner:innen speiste sich aus dem Abbau von Phosphat, das zu Dünger oder Sprengstoff weiterverarbeitet werden kann. Für einige Jahre lebten die Insulaner:innen ein Leben im Luxus, kauften Autos und Flugzeuge, bauten Villen und spekulierten mit ihrem Reichtum. Auf die Party folgte die Verwüstung. Der massive Phosphatabbau hinterließ auf 80 Prozent der Inselfläche eine Wüste aus Kalkstelen. Parallel zur Landschaft wurde auch die Gesundheit der Bürger:innen ruiniert, da westliche Ernährungsgewohnheiten einen großen Teil der Bevölkerung an Adipositas und Diabetes erkranken ließen. Von den vielen Milliarden, die in kürzester Zeit die Staatskassen gefüllt hatten und als Bodenrente an die Bewohner:innen weitergegeben worden waren, war schon nach wenigen Jahren nahezu nichts mehr übrig. Fehlinvestitionen in Immobilien, Fonds und sogar in eine eigene Fluggesellschaft hatten den unermesslichen Reichtum der Insulaner:innen innerhalb kurzer Zeit aufgezehrt.

Nicht nur die Ökonomie, auch der Staat zerfiel. Regierungen wechselten fortan alle paar Monate. Korruption und Veruntreuung verschlangen die kläglichen Reste des Reichtums. Als die Einkommen aus dem Phosphatabbau einbrachen, wurde Nauru zu einem zwielichtigen Ort für Geldwäsche und begann unter anderem, Pässe an Terrorist:innen zu verkaufen. Um wieder Geld in die Staatskassen zu spülen, richtete das Land auf dem Gelände des Präsident:innenpalasts ein australisches Offshore-Flüchtlingslager ein, das gemeinsam mit den Lagern auf der Insel Manus[87] traurige Berühmtheit erlangte. Die zerstörerischen Kräfte des Kapitalismus hatten die Insel innerhalb von dreißig Jahren an den Rand des vollständigen Ruins getrieben. Die extraktivistische Maschinerie, die von den Kolonisator:innen übernommen worden war, und der Reichtum hatten sich als Fluch erwiesen.

Die Geschichte der Insel Nauru soll als Leitbild für das nächste Kapitel dienen. Sie liefert die Blaupause für eine Gesellschaftsdiagnose: Kapitalismus ist ein Archipel von Inseln des Wohlstands, der in einem ansteigenden Meer der Gewalt und der Verwüstungen schwimmt. Der hier angelegte Begriff von Kapitalismus ist primär durch eine gewaltvolle Logik der Enteignung bestimmt, die anhand der Konfliktlinien von *race*, Klasse und Geschlecht Herrschaftsverhältnisse einrichtet. Auf den Inseln des Wohlstands mag der Kapitalismus glatt und sauber glänzen, von den Rändern her betrachtet ist er schmutzig und gewaltvoll.[88] Kolonialismus, Imperialismus, Rassismus, Faschismus, Chauvinismus, Sexismus, Umweltzerstörung und Nationalismus sind keine Verformungen eines reinen Kapitalismus, vielmehr sind diese Ideologien wesentlicher Teil seiner Herrschafts- und Machtverhältnisse.[89]

Ausgehend von den Theorien der ursprünglichen Akkumulation lässt sich das kapitalistische System als Zusammenspiel von zwei Frontiers, zwei Übergangszonen beschreiben. Während die erste Frontier durch die Enteignungen von Landgrabbing, Rohstoffraub und Überausbeutung bestimmt ist, fasst die zweite Frontier die Umweltzerstörungen, die unter dem Schlagwort Klimakrise diskutiert werden. Zwischen diesen beiden Frontiers liegen die gemäßigten Zonen der Mittelschichten wie Inseln in einem Meer der Gewalt und Zerstörung. Und spätestens mit der Klimakrise zeigt sich, dass der Spiegel dieses Meeres der Gewalt begonnen hat zu steigen.

## Frontier und Grenze

Der Begriff der Frontier fasst die Übergangszone zwischen imperialistischen Staaten und ihrer Umgebung aus Sicht der Kolonisator:innen. Nicht nur für die USA wurde die Frontier zu einem

Gründungsmythos,[90] auch der europäische Kolonialismus und Imperialismus wurden von diesem Mythos geprägt. Durch die koloniale Perspektive erscheint die Frontier als eine Zone des Kampfes der Zivilisation gegen eine imaginierte wilde Natur. Der Natur gehören in der Logik der Frontier neben Dingen, Pflanzen und Tieren auch große Teile der Menschheit an. Hier bündeln sich rassistische, kolonialistische und imperialistische Vorstellungen zu einer äußerst gewaltvollen Mischung: Der Mythos öffnet durch die Aussetzung des Rechts einen Raum für grenzenlose Gewalt, wie der Gründervater des Liberalismus John Locke das in seiner Rechtfertigung von Raubgut als Eigentum[91] oder der rechtsextreme Jurist Carl Schmitt in seiner Theorie der Landnahme bestätigten.[92]

Die Plünderung des Gemeinguts der Kolonialisierten sowie Zwangsarbeit und Versklavung sind an der Frontier gängige Strategien der Enteignung. Rassismus rechtfertigt den Einsatz von Gewalt zur Extraktion von Ressourcen und Arbeitskraft und schlägt an der Frontier schnell in koloniale und imperiale Genozide um. Gleichzeitig verharmlost der Frontier-Mythos diese grenzenlose Gewalt. In vielen Kinder-, Western-, Science-Fiction- und Katastrophenerzählungen wird die Frontier von den Kolonisator:innen und ihren Nachfahr:innen zu einem Abenteuer umgedeutet und romantisiert. Jean-Jacques Rousseau entwarf die Figur der glücklichen Karibikbewohner:innen, die zwischen den Polen von Natur und Zivilisation changierten.[93] Das imperiale Begehren nach »Natur«, das durch diese Figur des »edlen Wilden« verkörpert wird, verstellt den Blick auf Raub und Enteignung.

Abgesehen von diesen Verklärungen wird die Frontier auch oft als vergangene Periode abgetan. Die Frontier sei spätestens Ende des 19. Jahrhunderts geschlossen worden, als der Imperialismus die ganze Welt überrannt habe, so die verharmlosende Erzählung.[94] Die Dekolonialisierungsbewegungen des 20. Jahrhunderts hätten in eine postkoloniale Welt der Nationalstaaten geführt. Aus Imperien wären Nationalstaaten geworden und aus Frontiers Grenzen. Anstelle der untergegangenen Frontier, dieser gewaltvollen und hierarchisierten Maschine zur Eroberung der Welt, stehe heute die Grenze, die als Kontaktzone zwischen Staaten gedacht wird.

Das Sprechen von Grenzen vermittelt das Bild einer gerechten, gleichen und freien Welt, in der sich verschiedene Gemeinwesen auf Augenhöhe begegnen. Ich rufe in Abgrenzung dazu den gewaltvollen, rassistischen Mythos der Frontier wieder auf, um die imperialen und kolonialen Kontinuitäten heutiger Grenzregime zu markieren.

Wir leben nicht mehr in der Hochphase des Imperialismus, in der Frontier und staatliche Grenzen mehr oder minder in eins fielen und sich gemeinsam vorwärtsbewegten. Trotzdem sind viele imperiale Strukturen auch nach der Dekolonialisierung erhalten geblieben und prägen die Welt bis heute. Manche europäische Staaten und die USA besitzen immer noch Kolonien wie Französisch-Guyana oder Puerto Rico. Offensichtlich werden diese (neo-)imperialistischen Kontinuitäten aber auch, wenn der amerikanische Präsident Grönland kaufen will, das russische Regime die Ukraine überfällt und Europa Weltraumraketen in Südamerika auf französischem Boden startet.

Die imperialen Kontinuitäten zeigen sich aber vor allem, wenn die ehemaligen Mutterländer ihre Macht über Rohstoffe und Handelswege, Arbeitsmärkte und strategisch wichtige Punkte außerhalb ihrer Grenzen behaupten. Freihandelsabkommen, Schuldenfallen und andere Formen kapitalistischer Ausbeutung schließen recht nahtlos an die extremen Ungleichheiten und Abhängigkeiten der Kolonialzeit an. Auch wenn sie politisch marginal wurde, ökonomisch wird die Logik der Frontier fortgesetzt: Das Erschließen von Märkten, Rohstoffen und Arbeitskräften ist auch in einer nationalstaatlich geschlossenen Welt immer noch eine zentrale Strategie der Gewinnmaximierung. Marx' Diktum von der Expansion des Kapitalismus gilt bis heute: »Die Tendenz den Weltmarkt zu schaffen ist unmittelbar im Begriff des Kapitals selbst gegeben. Jede Grenze erscheint als zu überwindende Schranke.«[95] Jede Krise führt zu weiteren Wellen gewaltsamer Enteignung von Natur, Arbeit und Eigentum.[96]

Anstatt also von einer Ersetzung der Frontier durch die Grenze auszugehen, möchte ich Theorien folgen, die beide Logiken zusammendenken, wie das im spanischen Begriff *frontera* angelegt ist.[97] Wenn ich von Frontier spreche, dann als eine Mischung aus Frontier und Grenze, als ein Zusammenspiel von Erschließen und Schließen, Kapitalismus und Staat, Ökonomie und Politik, imperialen und nationalen Strukturen.[98] Sandro Mezzadra und Brett

Neilson haben in ihrem Buch *Border As Method* eine Unterscheidung zwischen der kolonialen Frontier und der innereuropäischen Grenzen vorgeschlagen, um beides aber in ihren Analysen von Grenzlandschaften immer wieder ineinander übergehen zu lassen.[99] Aus ihrer kleinteiligen Analyse der Grenzlandschaften setzt sich das Bild eines ein- und ausschließenden Kapitalismus zusammen, der eine Art globale Apartheid erzeugt: Während die Frontiers des Kapitals weltweit immer neue Märkte erschließen und sich immer mehr Land aneignen, werden nationale Grenzen zur Absicherung, Kontrolle und Verwaltung dieser Plünderungs- und Ausbeutungsprozesse eingesetzt. Grenzen bleiben für Waren, Geld und Rohstoffe recht durchlässig, schränken die Bewegungsfreiheit der meisten Menschen aber massiv ein. Sie sind Herrschaftsmittel, die Arbeits-, Waren-, und Rohstoffmärkte regierbar machen und über die globale Verteilung von Sicherheit, Wohlstand, Armut, Not, Gewalt entscheiden. Der Begriff der Frontier benennt so die kolonialen Kontinuitäten, die andauernde Gewalt und die globale Ungerechtigkeit.

## Die erste Frontier des Weltverlusts

Einige Beispiele für die Fortsetzung der ursprünglichen Akkumulation an der ersten Frontier sind schon fast kanonisch: die Exporte von subventioniertem Hühnerfleisch und anderen Agrarprodukten aus der EU nach Westafrika, die dort lokale Ökonomien zerstören; der illegale Fischfang vor den Küsten West- und Ostafrikas; das Landgrabbing internationaler Unternehmen und Staaten fast überall auf der Welt; die Kinderarbeit in den Koltanminen im Osten Kongos; die Scharen von mobilen Carearbeiter:innen, die weltweit ausgebeutet werden und oft häuslicher und sexualisierter Gewalt ausgesetzt sind; die Arbeiter:innen aus Nepal, Pakistan, Indien und Ostafrika, die am Persischen Golf ihr Leben und ihre Gesundheit unter widrigsten Bedingungen aufs Spiel setzen; die Menschen, die auf den Plantagen Südeuropas als Tagelöhner:innen schuften oder in chinesischen Lagern und Gefängnissen Zwangsarbeit verrichten; die indischen Bäuer:innen, die aus Überschuldung und Landverlust Selbstmord begehen. Diese Vorkommnisse an der ersten Frontier sind sehr unterschiedlich und von spezifischen Macht- und Herrschaftsverhältnissen geprägt. Doch auch wenn es nur idealtypisch möglich ist, kann man sie zumindest lose unter dem Konzept der ersten Frontier des Kapitalismus bündeln.

An der ersten Frontier des Weltverlusts raubt der Kapitalismus Kapital, Ressourcen und Arbeitskraft, indem er nicht-kapitalistische Felder erschließt oder bereits kapitalisierte Felder gewaltvoll umstrukturiert. Kapitalistische Gesellschaften sind Ungleichgewichtssysteme, die nur durch die ständige Fütterung mit weiterem Raubgut und durch die Öffnung immer neuer Märkte existieren können. Die Frontiers der ursprünglichen Akkumulation gehören nicht der Vergangenheit an, sondern erschließen auch heute noch gewaltvoll Arbeit und Land.[100] In jedem neuen Krisenzyklus verändert sich die Form des Raubes und der Enteignung, aber die Grundlogik bleibt dieselbe, und keiner dieser Prozesse ist jemals abgeschlossen oder überwunden. Bis heute gibt es Sklaverei und Zwangsarbeit,[101] auch wenn sie von neuen Formen der Kontrolle von Arbeitskraft und Mobilität überlagert werden.

Die politische Theoretikerin Silvia Federici spricht von einer »Rekolonialisierung Afrikas unter der Hegemonie der westlichen Mächte«.[102] Die ausgefeilten finanziellen, rechtlichen und politischen Instrumente, die eingesetzt werden, um im großen Stil Land in anderen Staaten zu erwerben, unterscheiden sich zwar von Eroberungen und militärischem Einmarsch. Aber auch Handelsabkommen und die gewaltigen Landkäufe, die souveränes Territorium in einen Flickenteppich aus Ansprüchen verwandeln, werden im Zweifelsfall mit Gewalt durchgesetzt. Nach einer kurzen hoffnungsvollen Phase der Dekolonialisierung nach dem Zweiten Weltkrieg[103] sind an die Stelle der Kolonialreiche »Plünderungsmaschinen«[104] getreten, die von transnationalen Konzernen gesteuert werden und sich in einem Dickicht aus Firmen in Offshore-Steuerhäfen mit allerlei rechtlichen Tricks verstecken.

Die Komplexität dieser verschiedenen Formen der ursprünglichen Akkumulation und ihre Vermischung machen es unmöglich, Fluchthintergründe umfassend zu beschreiben. Als verkürzte

Skizzen einiger »räuberischer Formationen«[105] werde ich im Folgenden einige Beispiele für derartige Hintergründe nennen.

### Lebensmittelkrise

Lebensmittelpreise waren bereits in den Jahren vor der Nahrungsmittelkrise von 2007/08 massiv gestiegen. Ein Bündel von Faktoren lässt sich für diese Verteuerung anführen: Die Finanzialisierung von Rohstoffmärkten erlaubte Spekulationen und Termingeschäfte mit Nahrungsmitteln. Die Verteuerung war aber auch durch Rohstoffspekulationen beeinflusst, beispielsweise durch den Anstieg des Ölpreises, der die Düngemittel verteuerte. Zudem änderte sich die Struktur der Anbauflächen durch Enteignung von Kleinbäuer:innen und den industriellen Anbau von Biokraftstoffen, Tierfutter und anderen Industriepflanzen, die für den Export bestimmt sind. Dazu kamen Klimaveränderungen, Trockenheit und abnehmende Lagerbestände. Grundlage der Hungerkrise waren globale politische und soziale Verhältnisse der Ungleichheit und Gewalt, die eine »neue Phase des Kampfes ums Überleben eingeläutet« hatten.[106] Politische und soziale Unruhen verstärkten sich. Die Lebensmittelkrise befeuerte die Revolutionen in der arabischen Welt und trug damit einen bedeutenden Teil zu den folgenden Bürgerkriegen und ihren gewaltigen Fluchtbewegungen bei.

### Landraub

Der Landraub steht am Beginn der ursprünglichen Akkumulation und findet bis heute statt, auch wenn seine Instrumente und Ausformungen große Wandlungsprozesse durchlaufen haben. Silvia Federici schreibt von »neuen Einhegungen«, die die staatliche Landnahme des Imperialismus und Kolonialismus in postkolonialen Zeiten beerbt haben.[107] Sie waren eng mit den Spar- und Disziplinarprogrammen des Internationalen Währungsfonds und der Welthandelsorganisation verbunden, die seit den 1980er Jahren mit ihren »Schuldenstrategien«[108] die Regierungen des globalen

Südens schwächten. Diese Schuldenstrategien durchkreuzten den demokratischen Neuanfang der unabhängigen Staaten, begrenzten ihre politische Macht und zementierten so die globale Ungleichheit. Einige Staaten des globalen Südens müssen bis heute einen so hohen Anteil ihres Bruttoinlandsproduktes als Schuldenrückzahlungen leisten, dass Investitionen in Infrastruktur, Bildung und Gesundheit auf der Strecke bleiben. »Dem disziplinierenden Schuldendienst wurde eine weitaus höhere Priorität eingeräumt als Infrastruktur, Krankenhäusern, Schulen, Arbeitsplätzen und anderen an Menschen orientierten Zielen.«[109]

Die wirtschaftlichen und demokratischen Entwicklungen, die sich WHO, IWF und Weltbank erhofft hatten, blieben in vielen Fällen aus. Der technologische Vorsprung und die politische Macht der Industrienationen waren für die meisten Länder, mit Ausnahme von China und den sogenannten Tigerstaaten (zunächst Singapur, Südkorea, Taiwan und Hongkong), nicht mehr aufzuholen. Stattdessen wurde die Macht vieler postkolonialer Regierungen ausgehöhlt, indem ihre Politik von außen bestimmt und ihre Institutionen geschwächt wurden. Mit Hilfe der westlichen Geheimdienste und Militärs wurden oft rechtsextreme Regierungen an die Macht geputscht. Nicht nur politisch hatte diese staatliche Schwächung eklatante Folgen, sie zwang viele Staaten zudem zur vorschnellen Öffnung ihrer Märkte. Die Soziologin Saskia Sassen hat beschrieben, wie durch die Schuldenstrategien die Länder des globalen Südens so umgebaut wurden, dass sie einerseits weiterhin als Rohstoffproduzenten ausgebeutet werden konnten, andererseits als Absatzmärkte für Produkte des globalen Nordens fungierten.[110] Anstatt Mittelschichten zu bilden und die einheimischen Industrien zu diversifizieren, wurden extraktivistische Ökonomien und Politiken ausgebaut.

## Extraktivismus als politisches System

Extraktivismus ist zunächst als fossiler Kapitalismus zu verstehen, der von Kohle und Öl vorangetrieben wird und seine soziopolitischen Formationen auf diese endlichen und schädlichen Energiequellen gebaut hat. Der Politikwissenschaftler Timothy Mitchell hat in *Carbon Democracy* die enge Verzahnung des politischen mit dem wirtschaftlichen System anhand der Verbindung von Kohle, Öl und Demokratie aufgezeigt.[111] Während die Kohleindustrie im 19. Jahrhundert auf eine Masse von Arbeiter:innen angewiesen war und sich deshalb immer wieder ihrem Druck beugen musste, kommt die Rohstoffförderung heutzutage meist mit wenigen Arbeiter:innen aus, weil sie auf Maschinen setzt. Exemplarisch dafür steht die Förderung von Öl, die kaum noch Arbeitsplätze schafft (und wenn, dann nur für Expats, wie beispielsweise in Nigeria). Diese Form der Rohstoffförderung ist politisch explosiv. Extraktivistisch ausgerichtete Staaten werden häufig von einem »Fluch des Reichtums« heimgesucht.[112] Die Konsequenzen dieses Wirtschaftsmodells sind oft Armut, extreme Ungleichheit, Bürgerkriege und autoritäre und korrupte Regierungen. Das liegt daran, dass die gewaltigen Einnahmen aus der Vergabe von Schürflizenzen und Landverkäufen meist von einer kleinen politischen Elite für sich beansprucht werden. Wer den Staat kontrolliert, bekommt Zugang zu den Einnahmen aus dem Rohstoffgeschäft. Die politischen Eliten sind nicht mehr auf die Besteuerung der Massen und deren politische Zustimmung angewiesen, wenn der Staat fast ausschließlich durch die Rohstoffverkäufe finanziert wird. Die Eliten können die Bedürfnisse der Massen ignorieren, ihre eigenen Interessen verfolgen und somit gegen die Bevölkerungen ihrer Länder regieren.

Ausgaben für Wahlfälschungen, Militär und Milizen steigen dann oft gleichzeitig. Die gewaltigen Gewinne aus dem Rohstoffverkauf führen zu einer ungeheuren Konzentration von Macht. »Eine Volkswirtschaft, die auf eine zentrale Quelle von Einkünften aus dem Rohstoffverkauf gebaut ist, fördert eine Politik des ›großen Mannes‹«, schreibt der Journalist Tom Burgis und führt als Beispiele Äquatorialguinea, Angola, Zimbabwe und Kamerun an, die jahrzehntelang von autoritären Herrschern gelenkt wurden oder werden.[113] Solche Systeme öffnen der Korruption Tür und Tor, und die Einnahmen aus den Rohstoffen fließen zu einem großen Teil sofort wieder außer Landes.

Extraktivismus kann deshalb schnell extreme Ungleichheit und eskalierende Gewalt erzeugen. Befeuert von der Ungleichheit und den daraus folgenden Verteilungskämpfen, eskalieren soziale und politische Spannungen zwischen einzelnen Bevölkerungsgruppen. Zur Sicherung des Reichtums und der Ressourcen werden Milizen und Militärs weiter bewaffnet. Ausländische Kräfte schalten sich ein und versuchen die Kontrolle über den Rohstoffraub zu erlangen. Lokale Konflikte eskalieren, wenn sie durch Waffenimporte und transnationale Milizen zu Stellvertreterkriegen werden. Das Resultat sind scheiternde Staaten, die im Bürgerkrieg zerrissen werden, was wiederum zur Vertreibung großer Teile ihrer Bevölkerung führt. Die Demokratische Republik Kongo, deren bodenschatzreicher Osten in einem andauernden Bürgerkrieg verwüstet wird, wäre ein Beispiel.

Landraub ist wesentlicher Teil der extraktivistischen Logik. Zwar ist der Anteil an der Enteignung von Land für Bergbau und andere Rohstoffförderung relativ gesehen gering. Seitdem der Markt für Industriepflanzen boomt, sind Land und Boden allerdings selbst zur Ölquelle geworden. In den letzten Jahren wurden gewaltige Flächen für Palmöl-, Biotreibstoff- und Sojaplantagen enteignet und deterritorialisiert. Es sind vor allem internationale Privatunternehmen, die Nutzpflanzen zur Biotreibstoffproduktion anbauen und dafür auf Land zugreifen, das in den meisten Fällen davor bewohnt und bearbeitet wurde.[114] Die Enteigneten werden zwar teilweise in die Plantagenwirtschaft eingebunden, aber das sichert in vielen Fällen nicht unbedingt ihre Zukunft. Sicher ist nur, dass der Großteil der Gewinne dieser Plantagenindustrie an lokale Eliten und globale Unternehmen fließt. Saskia Sassen spricht von Löchern in der Souveränität extraktivistischer Staaten und fragt:

> »Was ist eigentlich eine Staatsbürgerschaft noch wert, wenn das Staatsgebiet zu Plantagen herabgestuft wird, die in ausländischem Besitz sind, während alles andere – Tier- und Pflanzenwelt, Dörfer, Kleinbauern und die traditionellen Regeln, nach denen Grundbesitz oder die Nutzung des Landes organisiert waren – vertrieben wird?«[115]

Im neuen Wettlauf um Afrika geht es weiterhin um Öl und Bergbau, ebenso sehr aber auch um Böden. Der Bedarf an Futtermitteln für den Fleischkonsum der weltweit gewachsenen

Mittelschichten steigt. Die Kosten der Verbreitung eines westlichen Lebensstils und des Wachstums eines »grünen« Kapitalismus werden als Landraub und Vertreibung nach unten durchgereicht. Diese Fortsetzung des fossilen Kapitalismus mit pflanzlichen Mitteln kann allein aufgrund der begrenzten Anbauflächen und der ausgelaugten Böden nicht zukunftsfähig sein. Am deutlichsten wird die Begrenztheit der Ressourcen, die ich die zweite Frontier des Kapitalismus nennen möchte, an dem Phänomen, das als Klimawandel euphemistisch umschrieben wird und eigentlich Erderhitzung heißen müsste.

## Die zweite Frontier: Erdverlust im Kapitalozän

Die zweite Frontier lässt sich als sehr lange Liste von Verwüstungen und Zerstörungen bewohnbarer Umwelten fassen. In diesem Sinn hat der Soziologe Bruno Latour metaphorisch von einer Modernisierungsfront gesprochen, mit der die Globalisierung sich um die Welt und in die Erde frisst.[116] Die Erderhitzung soll hier pars pro toto für umfassendere Zerstörungen und Verschwendungen stehen. Die Verwüstungen durch tropische Stürme in Mosambik, auf den Philippinen, in Puerto Rico und den USA, Brände überall auf der Welt, Heuschreckenplagen und Dürren in Ostafrika, Sturzregen und Landrutsche in Indonesien, Versalzung von Böden, Überschwemmungen in Bangladesch und anderen großen Flussdeltas, Dürren wie das Austrocknen des Tschadsees, Gletscherschmelze und das Tauen des Permafrosts, Hitzerekorde: Im Diskurs der Klimakrise bündeln sich nicht nur die globale Erwärmung und der Anstieg der Meeresspiegel, sondern ebenso das massenhafte Artensterben, die Zerstörung von Ökosystemen, die Störungen im Nitrat- und Phosphathaushalt, die Verschmutzung der Atmosphäre und das Ozonloch, die Übersäuerung der Meere, die Degradation von Böden und ebenso der sogenannte »Peak Everything«, also das absehbare Ende von Rohstoffvorkommen wie Sand, Böden, Phosphor und weiteren.

Die zweite Frontier des Kapitalismus setzt sich zusammen aus den Zerstörungen von Bergbau und Infrastrukturprojekten (und den Kämpfen dagegen wie beispielsweise die Proteste um die North Dakota Pipeline),[117] aus Müllhalden und -exporten, aus Abfällen, die in Flüsse und Meer gekippt werden, aus Atommüll und verstrahlten Gegenden wie Fukushima und Tschernobyl, Verseuchung von Böden und Trinkwasser mit Schwermetallen und chemischen Giften, aus der großflächigen Zerstörung von Landschaften, aus durch Bombentests zerstörten Atollen, aus Millionen von Lecks der Ölpipelines, aus dem Feinstaub in der Luft und dem Mikroplastik im Wasser. Dieser Liste verleiht zusätzliche Brisanz, dass sich die einzelnen Formen der Verwüstung gegenseitig beeinflussen und verstärken. Es handelt sich nicht um eine linear voranschreitende Verwüstung. Sind bestimmte Kipppunkte erreicht, können sich Teufelskreise bilden und die Zerstörungen eskalieren.[118]

Die erste Frontier, das hat Marx zwar gesehen, aber nicht umfassend ausgeführt, vollzog sich nur zum Teil auf Grundlage der Enteignung von Menschen und ihrer Verwandlung in Arbeitskräfte. Zu einem mindestens ebenso bedeutsamen Teil war sie ein Raubbau an verschiedenen Ökosystemen.[119] Über Jahrmillionen entstandene Ökosysteme wurden und werden innerhalb kürzester Zeit ausgeplündert und zu Abfalldeponien degradiert. Die in dieser Zerstörung freigesetzten Energien, die in der Tiefenzeit der Erdgeschichte entstanden waren, werden zu einem minimalen Anteil mit Hilfe von Maschinen nutzbar gemacht, zum größten Teil aber dabei ineffizient verbrannt.

Ließen sich die Folgen dieser Zerstörungen in den letzten Jahrhunderten noch einigermaßen regional einhegen, zeigen sie sich heute zunehmend global. Die Klimakrise ist in ihrer unfassbaren Ubiquität das paradigmatische Beispiel der sich unkontrollierbar ausbreitenden Verwüstungen geworden. Sie lassen sich nicht mehr verdrängen und auf marginalisierte Minderheiten abwälzen. Der Historiker Jason Moore, die Naturwissenschaftshistorikerin Donna Haraway und der Humangeograf Andreas Malm haben dafür den Begriff des Kapitalozäns geprägt.[120] Der Begriff schließt an die Kapitalismuskritiken der fortgesetzten ursprünglichen Akkumulation an und erweitert sie um ökologische Aspekte.[121] Er ist gleichzeitig sensibel für die rassistisch fundierte Ungleichheit, Ungerechtigkeit und Gewalt der Verwüstungen durch den Kapitalismus. So verstanden wird der Kapitalismus nicht nur durch den Widerspruch von Kapital und Arbeit vorangetrieben, sondern ebenso durch Sexismus, Rassismus und die Ausbeutung von Ökosystemen. Seine Möglichkeitsbedingung war der Zugriff auf die vermeintlich »billige Natur«.[122] Doch diese Bedingung der modernen Lebensformen erschöpft sich zunehmend. Sowohl Landwirtschaft als auch Abfallentsorgung und Bergbau verlieren an Produktivität. »Die Zeit billiger Natur ist vorbei.«[123] Der Kapitalismus stößt an die Grenzen des Erdsystems. Die Wachstumsmaschinerie stockt, und die Krisenbewältigungsstrategien laufen ins Leere. Dadurch steigern sich die sozio-politischen Spannungen.[124] Die politischen Folgen der multiplen Krise sind bereits heute als globaler Rechtsruck spürbar.

## Klimarassismus

Momentan scheint sich eine neue Konjunktur des Rassismus herauszubilden, die ich in meinem letzten Buch als Klimarassismus beschrieben habe.[125] Dieser kann anschließen an eine lange Tradition des Umweltrassismus, der die Folgekosten der Modernisierung auf Minderheiten abgewälzt hat.[126] Das Losungswort der schwarz-grünen österreichischen Regierung, Klima und Grenzen zu schützen, oder die Umweltpolitik der deutschen Ampelregierung zielt genau auf ein solches Regime des Klimarassismus. In ihm werden die Folgekosten des Klimawandels anhand der Brüche von *race*, Klasse und Geschlecht verteilt. Es sind die Menschen des globalen Südens, die Armen, die Schwarzen und People of Colour, auf die die Folgekosten abgewälzt werden, obwohl sie nur einen verhältnismäßig geringen Teil der Erderhitzung verursacht haben. Der Umweltrassismus der letzten Jahrhunderte wird verstärkt und systematisiert. Die Außengrenzen des globalen Nordens werden aufgerüstet, Mauern und Zäune gebaut. Rassismus und Sexismus werden von rechts an die Gefahren der zweiten Frontier angepasst, um die Zonen des Wohlstands zu verteidigen.

Beispielhaft zeigt sich der Klimarassismus in den Sturmkatastrophen der letzten Jahre. Die Globalisierungskritikerin Naomi Klein hat auf die menschengemachten Hintergründe der Zerstörungen in Puerto Rico durch den Hurrikan Maria von 2017 aufmerksam gemacht und die rassistischen Hintergründe beleuchtet, die unter anderem darin bestehen, dass dieses Land bis heute eine Kolonie der USA ist.[127] Die Anzahl und die Intensität der Tropenstürme nimmt mit der Erwärmung der Ozeane zu. Die Schneisen der Verwüstung, die die großen Stürme hinterlassen, sind demnach zumindest teilweise menschlichen Ursprungs. Doch mit der Intensivierung der Stürme allein lassen sich ihre katastrophalen Folgen nicht erklären. Eine ebenso wichtige Rolle spielt, wie sich Gesellschaften vor den Gefahren dieser Stürme schützen und auf die Zerstörungen reagieren. Klein arbeitet den Zusammenhang von Staatsverschuldung, Sparprogrammen und dem Zusammenbruch lebensnotwendiger Infrastruktur heraus. Katastrophen brechen nie so unerwartet von außen herein, wie das die Medien in ihren Livestreams vermitteln. Ihre Gefahr lässt sich als Risiko sogar meist recht gut vorausberechnen. Wesentlicher Grund für die Verheerungen durch diese Katastrophen sind vielmehr fehlende Infrastruktur und rassistische Politik, prekäre Lebensweisen und gefährliche Wohnorte, mangelnde Absicherung und ausbleibende Solidarität.

In den Frontiers werden Menschen systematisch zu einem Leben in prekären Situationen gezwungen und den Folgen der Erderhitzung schutzlos ausgeliefert. Die Erderhitzung steht damit im direkten Zusammenhang mit »Austerität, Privatisierung, Kolonialismus und Kriegsführung und mit den verschiedenen Systemen des Othering«.[128] Sie ist zu selten Katalysator für solidarische Bündnisse, im Gegenteil wirkt sie zumeist als Brandbeschleuniger für soziale Missstände. Die Klimaflüchtenden[129] sind die paradigmatischen politischen Figuren der Klimakrise geworden.

## Klimaflucht

Mit Eisbären allein lässt sich die Klimakrise nicht mehr darstellen, vielmehr bekommt sie durch die Klimaflüchtenden ein »menschliches Gesicht«.[130] Mit der Erderhitzung stehen die Lebensgrundlagen eines Großteils der Menschheit auf dem Spiel. In der Figur der Klimaflüchtenden verdichten sich Fluchtbewegungen,

Umweltkatastrophen, Zerstörungen, Ängste und düstere Zukunftsprognosen. Die Figur des Klimaflüchtlings rückt dem globalen Norden in den letzten Jahren immer näher. Waren es vor zwanzig Jahren nur die Menschen Tuvalus, deren Inseln unterzugehen drohten, sind die Debatten um die Klimaflucht nun bis ans Mittelmeer gerückt.

Die Existenz von Klimaflüchtlingen bleibt allerdings in einem gespensterhaften Zustand, zwischen Gegenwart und Zukunft, nie ganz real und im Konditional gefangen.[131] Diese Vagheit erklärt sich teilweise durch die fehlende rechtliche Anerkennung und begriffliche Abgrenzung. Ökonomische und politische Fluchtgründe lassen sich nur schwer von ökologischen trennen.[132] Klimaflucht ist schließlich nur ein Teil von komplexen Hintergründen und muss mit anderen Fluchtbewegungen zusammengedacht werden. Die Schätzungen, wie viele Klimaflüchtende es gibt und vor allem geben wird, gehen deshalb weit auseinander und reichen von 150 Millionen bis zu einer Milliarde bis zum Jahr 2050.[133] Es wird sogar mit Zahlen wie zwei Milliarden bis 2100 operiert. Diese unklaren Prognosen begleiten den Begriff schon seit dreißig Jahren. Bereits in den 1980er und 1990er Jahren wurden teils apokalyptische Szenarien vorausgesagt, die sich allerdings nicht bestätigten. Es ist unwahrscheinlich, dass die aktuellen Prognosen akkurater sind.

Politisch wird diese Vagheit der Figur von rechten Demagog:innen ausgeschlachtet. Als Überbringer:innen der schlechten Botschaft werden Klimaflüchtende in rassistischen Diskursen für die Botschaft selbst verantwortlich gemacht. Konsequenterweise ist die Figur im rassistischen Diskurs aus all den Ängsten zusammengesetzt, die sich im Zuge der Erderhitzung einstellen: Steuerungsverlust, Unregierbarkeit, Zusammenbruch der öffentlichen Ordnung und fundamentaler Infrastruktur, Bürgerkriege, Verlust des Eigentums, Massenbewegungen, Kampf ums nackte Überleben, Verwüstung der Lebensgrundlagen, Not, Gewalt. Die Figur »drückt eine Reihe an ›weißen‹ Ängsten aus, die mit drohendem Kontrollverlust und Unordnung und der Auflösung von Grenzen zusammenhängen«,[134] stellte der Philosoph Andrew Baldwin schon 2013 fest.

Wer die Klimaflucht im politischen Diskurs aufruft, sollte deshalb vorsichtig mit der Figur umgehen. Auch linksliberale NGOs und Parteien könnten sonst unabsichtlich den rassistischen Mythos gewaltiger, unkontrollierbarer und gefährlicher Fluchtbewegungen stärken. Das soll gleichzeitig nicht bedeuten, dass Klimaflucht nur eine rassistische Wahnvorstellung ist. Vielmehr wird sie eine der entscheidenden Adaptionsstrategien in der Klimakrise bleiben, nur überwiegend im globalen Süden, innerhalb von Ländern oder allenfalls in Nachbarstaaten stattfinden, wie das bei den meisten Fluchtbewegungen der Fall ist.[135]

## Das Zusammenfallen der beiden Frontiers

Für die Menschen, deren Welten durch Enteignung, Raub und Umweltzerstörung verwüstet wurden, fielen die beiden Frontiers schon immer zusammen. Schließlich ging die koloniale Erschließung von Land und Arbeitskraft meist einher mit der Verwüstung der Lebensgrundlagen und des Landes. Welt- und Erdverlust fielen ineinander, wenn Gemeingut und landwirtschaftliche Flächen, Dörfer und Gemeinschaften zerstört und ganze Gesellschaften zur Arbeit gezwungen, versklavt und ermordet wurden. Diese zerstörerische Gewalt des Kapitalismus zeigt sich exemplarisch in den amerikanischen Kolonien. Die dortigen Enteignungen, Verwüstungen, Verschleppungen, Versklavungen und Völkermorde des Kolonialismus legten einen wesentlichen Grundstein für die Entwicklung des europäischen Kapitalismus. Bis zu einem Zehntel der Menschheit wurde innerhalb von etwas mehr als hundert Jahren in den beiden Amerikas ermordet oder starb an den eingeschleppten Krankheiten.[136] »Für die indigenen Gesellschaften der Amerikas ging die Welt schon lange unter – vor 500 Jahren.«[137]

Die Umweltkrise sollte deshalb nicht als kommende Katastrophe verstanden werden, sondern als desaströse Verwüstung und Zerstörung, die sich immer schon ereignet hat und kontinuierlich weiter ereignen wird. Die Perspektive der Vertriebenen ist die Perspektive von Walter Benjamins *Angelus Novus*, der zurückblickt und anstelle von Fortschritt eine Trümmerlandschaft sieht. Es ist die Perspektive der Flüchtenden, für die Welt- und

Erdverlust längst Realität sind. Wer aus dem zerbombten Kobane geflohen ist oder von Bergbauunternehmen und Bürgerkriegen vertrieben wurde, kennt die apokalyptische Erfahrung, dass die menschliche Welt mit all ihren Praxen, Dingen und Beziehungen zerstört werden kann, ebenso wie die Grundlage dieser Welt, die Erde selbst.

## Schöpferische Zerstörung

Bestünde der Kapitalismus nur aus der hier skizzierten Geschichte der Enteignung, der Zerstörung und Verwüstung, hätte er sich nie durchsetzen können. Kapitalismus erschöpft sich selbstverständlich nicht in Enteignungen, sondern war für einen bedeutenden Teil der Menschheit ungeheuer produktiv und ermöglichte Wohlstands- und Freiheitsgewinne. Die Gewalt und der Reichtum, die durch die doppelte Frontier gleichzeitig produziert wurden, wurden allerdings sehr unterschiedlich verteilt. Was für Millionen das Ende der Welt bedeutete, war für die anderen der Beginn globaler Dominanz und Blüte.[138] »Der Genozid der Amerikanischen Völker – ihr Ende der Welt – war für Europa der Beginn der modernen Welt.«[139]

Mit dem Konzept der schöpferischen Zerstörung hat der Ökonom Joseph Schumpeter[140] die doppelte Frontier der Moderne umschrieben. Die Frontiers des Kapitalismus sind für die einen das Ende der Welt und für die anderen die Bedingungen des Fortschritts. Während Schumpeters zynischer Begriff letztlich den Fortschritt feiert, hat Silvia Federici die Dialektik des Kapitalismus aus der Sichtweise der Zerstörung auf den Punkt gebracht:

> »Denn der Kapitalismus muss die Widersprüche, die seinen gesellschaftlichen Verhältnissen innewohnen, rechtfertigen und mystifizieren: Seinem Freiheitsversprechen steht die Realität weitverbreiteten Zwangs, seinem Wohlstandsversprechen die ebenso weitverbreiteten Elends gegenüber. Der Kapitalismus rechtfertigt und mystifiziert solche Widersprüche, indem er die ›Natur‹ derjenigen, die er ausbeutet, verunglimpft, also

> die der Frauen, der kolonialen Subjekte, der Nachkommen afrikanischer Sklaven und der von der Globalisierung entwurzelten Migranten und Migrantinnen.«[141]

Es ist dieser rassistische Begriff der Natur und des bloßen Lebens, hinter dem die Frontier mit ihrer schöpferischen Zerstörung vorangetrieben wird. Mit dem Begriff der Natur wird das menschliche Leben in natürliches und zivilisiertes, weibliches und männliches, Schwarzes und weißes eingeteilt. Was als Natur gilt, wird geraubt, ausgebeutet und zerstört und schließlich dem Vergessen anheimgegeben. Um den Begriff der Natur organisieren sich die gewaltvollen Ideologien der Moderne. Mit ihm verdrängen die Fortschrittlichen die Kosten ihres Fortschritts, das Elend und die Gewalt.

## Zwischen den Frontiers: Die gemäßigten Zonen der Mittelschichten

Zwischen der ersten Frontier der Erschließung und der zweiten Frontier der Verwüstung liegen die gemäßigten Zonen, die Inseln des Wohlstands, in einem Meer der Gewalt. Sie werden durch ein Zusammenspiel von Frontier und Grenze möglich gemacht, von Erschließen und Schließen, mit dem die Gewinne angeeignet und die Folgekosten externalisiert werden. Die Raubgüter der ersten Frontier, Rohstoffe und Arbeitskraft, werden durch die semipermeablen Membranen der Grenzen in die Zonen des Wohlstands gesogen, während Verwüstungen und Externalisierungen außen vor gehalten werden.

Zwischen der ersten und der zweiten Frontier tut sich so eine bewohnbare Zwischenzone auf. Es ist diese Zone zwischen Raub und Verwüstung, die heute das Leben globaler Mittel- und Oberschichten ermöglicht. Für viele Einwohner:innen der globalen Mittelschichten hat sich das Versprechen der Moderne erfüllt. Geschützt von allerlei Hüllen, von Geld, Pässen, Rechten, rassistischen Praxen und Ideologien, Sicherheitstechnologien, Polizei und Militär schweben sie sicher und behütet durch eine Welt der Armut und Not mit ihren Katastrophen und Kriegen.

Die Tourismusindustrie bringt die Widersprüche dieses Lebens der Mittelschichten auf den Punkt: Mit enormem Ressourcenverbrauch und durch die Ausbeutung von Arbeitskräften fliegen die Mittelschichten um den Globus auf der Suche nach Abenteuern, Naturspektakeln, spirituellen Erfahrungen, dem Unbekannten und Anderen. Dass es ihr mit ausgefeilten rassistischen Blickregimen gelingt, den globalen Kapitalismus hinter Naturspektakeln verschwinden zu lassen, ist eine ihrer ideologischen Höchstleistungen. Schließlich liegen direkt neben den Sandkästen der Strände die Sweatshops, die zerstörten Regenwälder, die Slums und Flüchtlingslager.

Im Tourismus bündeln sich der Wahnsinn, die Perfidität und grausame Produktivität der globalen Grenzregime zu einem unauflösbaren Knoten. Vielleicht werden Anthropolog:innen der Zukunft auf diese Zeit zurückschauen und sich erstaunt fragen, wie so etwas je möglich war. Das Aufeinandertreffen der nackten Tourist:innen und der landenden Bootsflüchtlinge an Europas Stränden ist ein ikonisches Bild für die globalen Verhältnisse. Die Gewaltförmigkeit der globalen Ungleichheit, die sonst so sorgsam hinter rassistischen Ideologien und ihren materialistischen Pendants aus Zäunen, Mauern und Unterdrückung versteckt wird, leuchtet in diesem Bild für einen kurzen Moment auf. Gewalt und Wohlstand prallen für einen Augenblick aufeinander. Wie lässt sich ihr Verhältnis politisch denken?

## Imperiale Lebensweise

Mit dem Konzept der imperialen Lebensweise haben die Politikwissenschaftler Ulrich Brand und Markus Wissen einen Begriff geprägt, mit dem sie die Zusammenhänge des Mittelschichtslebens in den gemäßigten Zonen mit den Zerstörungen an der doppelten Frontier aufzeigen. Der Begriff bringt die alltägliche und verdrängte Ausbeutung des scheinbar normalen Lebens zum Ausdruck. Die imperiale Lebensweise findet sich überall dort, wo es Mittelschichten gibt, das heißt auch in den Ländern des globalen Südens. Sie ist durch einen so hohen Ressourcenverbrauch gekennzeichnet, dass sie Natur und Arbeitskraft enteignen muss, um sich selbst zu reproduzieren. Diese ungerechte Verteilung lässt sich als Fortführung von Kolonialismus und Imperialismus mit anderen Mitteln beschreiben. Mit dem Aufkommen des Fordismus zu Beginn des 20. Jahrhunderts wurde der imperiale Zugriff auf Ressourcen und Arbeitskraft einer wachsenden Mittelschicht zugänglich gemacht. Dadurch konnten Konsum und Produktivität massiv gesteigert werden. Der westliche Lebensstil, der sich dabei herausbildete, ist seither das Ziel wirtschaftlicher Entwicklung fast überall auf der Welt.

Doch es ist schlicht nicht möglich, dass alle acht Milliarden Menschen ein Mittelschichtsleben führen. Die imperiale Lebensweise setzt »voraus, dass andere auf ihren proportionalen Anteil verzichten.«[142] Das tun sie nicht freiwillig. Die »Aneignung von Ressourcen und Arbeitsvermögen« lässt sich deshalb nur zum Teil in marktförmige, rechtlich fundierte Bahnen lenken. Sie fordert immer auch gewaltvolle Enteignungen. Der ökologische und soziale Fußabdruck der Mittelschichten gleicht dem Abdruck eines Militärstiefels auf dem Nacken der Ausgebeuteten. Auf den Inseln des Wohlstands wundern sich Menschen heute, dass es tatsächlich noch Sklav:innen- oder Zwangsarbeit gibt. Dabei wird ihre Kleidung unter diesen Verhältnissen genäht und ihr Essen unter diesen Bedingungen angebaut. Es ist in diesem Sinn erstaunlich ehrlich, dass das Migrationsressort der EU in schonungsloser Direktheit den »Schutz unseres europäischen Lebensstils« im Untertitel trägt, was an die neoliberale US-Doktrin erinnert, die den *American Way of Life* schützen soll.

## Am Scheitelpunkt

Die Inseln der Mittelschichten sollen ein würdevolles Leben in Sicherheit und Wohlstand garantieren. Die sich ausdehnenden ökologischen, sozialen und politischen Katastrophen deuten aber ebenso wie die ständigen Krisen darauf hin, dass sie ihre maximale Spannweite erreicht haben könnten. Von der Lebenserwartung bis zur Wirtschaftsentwicklung sind die Wachstumskurven seit zwei Jahrhunderten rapide angestiegen. Doch der Rückgang der Lebenserwartung in den USA, der sich durch die

Opioid-Verbrechen der Pharmaindustrie und den steigenden Druck auf dem Arbeitsmarkt ebenso wie durch die Covid-Pandemie erklärt, ist Anzeichen eines neuen Trends: Das rasante Wachstum der Mittelschichten rund um den Globus droht in den nächsten Jahrzehnten durch die Zerstörung bewohnbarer Umwelten und das Versiegen der Ressourcen ausgebremst zu werden. Ein langer Abstieg steht bevor. Anstelle der Verteilung der Gewinne wird die Verteilung der Verluste zur entscheidenden politischen Herausforderung werden.

In diesem Übergang rückt die zweite Frontier des Kapitalismus in den Vordergrund. Ihre Verwüstungen speisen sich aus der Eskalation der ersten Frontier. Sie ist die Wiederkehr all ihrer Externalisierungen und verdrängten Kosten. Der Scheitelpunkt der kapitalistischen Moderne fällt zusammen mit dem Kipppunkt, ab dem die Erderhitzung nicht mehr aufzuhalten sein wird. Die Entwicklungen der politischen Ökonomie, die das 19. und 20. Jahrhundert geprägt haben, werden überlagert von den Ereignissen der politischen Ökologie. In den Sturm der Geschichte wehen zunehmend die Stürme der Klimakrise hinein. Langsam dämmert es auch den Mittelschichten in den gemäßigten Zonen, dass sich die zweite Frontier zunehmend chaotisieren und nicht mehr kontrollieren lassen wird. Das Wachstum der Mittelschichten kann über ihre Zerstörungen nicht mehr hinwegtäuschen.

## Das Schrumpfen der gemäßigten Zonen

Hatten die neoliberalen Frontiers zunächst die Länder des globalen Südens und das Gebiet der ehemaligen UdSSR erschlossen, prägt ihre Logik zunehmend auch die Länder des globalen Nordens. Die Gewalt, die der Kapitalismus entfesselt hat, kehrt wieder einmal an seinen Ursprung zurück. Die Staatenkrisen des globalen Südens der 1980er und 1990er Jahre finden in den Staatenkrisen der Eurozone ebenso ihre Fortsetzung wie in den Ländern Süd- und Osteuropas, aus denen massive Abwanderungsbewegungen von Akademiker:innen und Carearbeiter:innen stattfinden. Wie wenig Schutz nationale Grenzen bieten, hat Griechenland exemplarisch erfahren, dessen politische Souveränität im

Zuge der Schuldenkrise geschleift wurde und dessen Gemeingüter privatisiert wurden. Solche Entwicklungen hinterlassen radikal ungleiche Gesellschaften. Die sozialdemokratischen und liberalen Visionen einer Welt der globalen Mittelschichten sind unter Druck geraten. Vielerorts sind sie von Prekarisierung bedroht. Es liegt momentan nahe, dystopische Welten aus Slums und *gated communities*, Rassismus, Autoritarismus, Überwachung und radikalisiertem Neoliberalismus für die Zukunft zu prognostizieren.

Die globalen Mittelschichten werden mit den Folgen ihrer ruinösen Ideologien und Lebensweisen konfrontiert. Die These des imperialen Boomerang,[143] dass sich die Gewalt der Unterdrücker:innen irgendwann gegen sie selbst richtet, findet sich schon bei Hannah Arendt, die den Faschismus als Fortsetzung kolonialer, imperialistischer und rassistischer Herrschaftstechnologien in Europa verstanden hat. Im Sinne dieses Arguments hat Saskia Sassen mit ihrem Buch *Ausgrenzungen* den Versuch vorgelegt, die Prekarisierung der Mittelschichten mit dem Elend an den Frontiers zusammenzudenken.[144] Die gemäßigten Zonen geraten demnach zunehmend unter Druck, was sich an den ökologischen Verwüstungen der zweiten Frontier zeigt, aber auch an den wieder steigenden Rüstungsausgaben, den Grenzregimen, an Rassismus und Klassismus sowie an der Gewalt gegen Frauen und Menschen aus LGBTQI-Communitys.

Verteilungs- und Enteignungskämpfe spitzen sich zu, und damit wächst die Ausbeutung und Unterdrückung von Minderheiten. Auch die rechtsextremen und -populistischen Wahlerfolge der letzten Jahre lassen sich als Antworten auf die düsteren Zukunftsaussichten verstehen. Überall auf der Welt versprechen Rechtsextreme rassistische und nationalistische Grenzschließungen und ein noch aggressiver voranzutreibendes Wirtschaftswachstum. Für weitere kapitalistische Wertschöpfung wird die Zerstörung maximiert werden müssen, und dafür muss Gewalt gerechtfertigt werden, was in eine Spirale aus Rassismus, Sexismus und Klassismus führt. Die Dauerkrise des Kapitalismus erreicht für immer größere Teile der Mittelschichten einen Kipppunkt, ab dem seine Produktivität die Verwüstungen nicht mehr verdecken kann. Die Flüchtenden werden in dieser Gemengelage einmal mehr zu paradigmatischen Figuren.

## Kapitalismusflucht

Werden Minderheiten von Staaten verfolgt und ganze Länder durch Kriege verwüstet, ist die Gewalt offensichtlich und die Fluchtgründe scheinen eindeutig. Gewalt und Verwüstungen brechen aber nicht unbedingt ereignishaft als Katastrophe herein, sondern ziehen sich oft als ausgedehntes Desaster in die Länge.[145] Schon lange bevor und ebenso lange nachdem die Öffentlichkeit etwas als Katastrophe wahrnimmt, dauern desaströse Zustände an. Gewalt kann sich auch unsichtbar und schleichend ausbreiten.[146] Fluchthintergründe sind deshalb nicht immer leicht zu erkennen. Ist Armut ein Fluchtgrund? Ab wann wird aus Not Gewalt? Ab wann macht es Sinn, von einer Vertreibung zu sprechen? Sind Perspektiv- und Zukunftslosigkeit oder fehlender Zugang zu medizinischer Versorgung oder Trinkwasser Fluchtgründe? Ab wann gilt Hunger als legitimer Fluchtgrund?

Ich möchte die Überlegungen zum Begriff der Kapitalismusflucht mit einem kleinen Gedankenexperiment starten: Stellen Sie sich vor, es gäbe kein sauberes Trinkwasser aus dem Hahn. Das allein wäre wohl noch kein Fluchtgrund. Stellen Sie sich dann vor, es gäbe nur ab und zu Strom und manchmal gar keinen. Auch das ließe sich vermutlich noch ertragen. Stellen Sie sich vor, die staatliche Infrastruktur wäre so schwach, dass es keine regelmäßig fahrenden öffentlichen Verkehrsmittel gibt und der Müll nur sporadisch abgeholt und deshalb überall verbrannt wird. Stellen Sie sich vor, dass es deshalb stinkt und die Luft zudem voller Feinstaub von Notstromaggregaten und Öfen ist. Stellen Sie sich vor, dass Sie prekär wohnen und vielleicht schon bald Ihre Unterkunft verlassen müssen. Stellen Sie sich vor, dass Sie abhängig sind von Verwandten. Stellen Sie sich vor, dass Ihre Kinder kaum Aussichten haben, dieser Situation zu entkommen. Stellen Sie sich vor, Sie verdienen so wenig Geld, dass Sie Ihre Familie nicht davon ernähren können, und Ihre Kinder deshalb an zwei Nachmittagen die Woche arbeiten müssten. Stellen Sie sich vor, dass es keine Möglichkeiten gibt, die Situation politisch zu verändern, da der Staat repressiv ist und mit gewaltbereiten Paramilitärs gegen jeden Widerstand vorgeht. Stellen Sie sich vor, dass es keinen besseren Arbeitsplatz für Sie gibt und zudem kein Startkapital, um selbst ein kleines Unternehmen zu gründen. Stellen Sie sich vor, dass kein funktionierendes Rechtssystem mehr existiert. Stellen Sie sich vor, dass in dieser Situation bewaffnete Kämpfe ausbrechen, die Sie treffen könnten. Stellen Sie sich vor, dass Rassismus und Sexismus gegen Sie gerichtet werden.

Wenn Sie nun Freund:innen oder Familienmitglieder hätten, die in anderen Ländern leben, und wenn es Fluchtrouten gäbe, die zwar gefährlich sind, aber trotzdem oft begangen werden, wann würden Sie die Flucht ergreifen? Ab wann würden Sie Ihren Kindern die gefährliche Reise erlauben?

## Flucht vor Not und Gewalt, Nationalismus und Kapitalismus

Der enge Begriff des Flüchtlings und der Nationalismusflucht suggerieren, dass sich Politik und Wirtschaft, Gewalt und Not, Flucht und Migration trennen ließen und staatliche und ökonomische Vertreibungen zwei grundsätzlich verschiedene Prozesse wären. Die humanitäre Katastrophe ist häufig der entpolitisierte Aufhänger dieser Trennung. Not wird als schicksalhafte Letztbegründung dargestellt, und dadurch wird verschleiert, dass sie meist ein Resultat politischer und kapitalistischer Gewalt ist. Der politische Fluchtdiskurs leidet häufig unter Kapitalismusvergessenheit. Doch ebenso wenig, wie sich Politik und Wirtschaft trennen lassen, lassen sich die beiden Figuren des Flüchtlings und der Migrant:in auseinanderdividieren.[147]

Der Zusammenhang von Kapitalismus und Fluchtbewegung ist allerdings selten linear und kaum idealtypisch zu verstehen. Sicher ist, dass die Gewalt des Kapitalismus einen Hintergrund für Vertreibungen bildet, doch nicht jede Enteignung führt zur Flucht. Häufig tut sie das auf Umwegen, da Fluchtbewegungen immer in politisch, sozial und kulturell komplizierten Gemengelagen stattfinden. Trotzdem lassen sich einige recht direkte Zusammenhänge zwischen der wiederkehrenden Gewalt der fortgesetzten ursprünglichen Akkumulation und Fluchtbewegungen anführen: Menschen fliehen, weil ihnen ihr Land und ihre Lebensgrundlage, ihr Eigentum, geraubt werden, weil sie überflüssig gemacht werden. Das wiederum erzeugt neue und verstärkt alte soziale und politische Spannungen. Diese können sehr einfach durch rassistische Politiken befeuert werden und dann in Bürgerkriege, ethnische Säuberungen und Genozide münden. Vertreibungen sind bis heute ein viel verwendetes autoritäres Mittel, um auf ökonomische, kulturelle, soziale und politische Konflikte zu reagieren. In Zukunft immer drastischer werden die Auswirkungen der Erderhitzung sein. Millionen Menschen werden direkt vor ihr, den Dürren und Extremwettern und den unweigerlich folgenden ökonomischen Desastern fliehen. Gleichzeitig werden durch diese Verwüstungen soziale und politische Konflikte aufgeheizt.

Politische und ökonomische Fluchthintergründe überlagern sich. Ob es um die Enteignung und den Ausschluss von Minderheiten in abgegrenzten Nationalstaaten geht, um Separationsbestrebungen, die Enteignung von Menschen durch Überfischung oder Rohstoffausbeutung oder die indirekten Vertreibungen durch die Erderhitzung und Umweltzerstörung: Die Vertriebenen des Kapitalismus und die Vertriebenen des Nationalismus können als Kontinuum verstanden werden.

## Globale Ungleichheit als globale Gewalt

Um das enge Verständnis von Fluchtgründen zu erweitern und deren vielfältige Hintergründe sichtbar zu machen, möchte ich den Begriff der Nationalismusflucht durch den Begriff Kapitalismusflucht ergänzen. Nationalismusflucht beschreibt eher die Folge der Homogenisierung der Staaten nach innen und die damit verbundene rassistische, nationalistische und religiöse Gewalt, mit der Grenzen durchgesetzt werden. Kapitalismusflucht wiederum ist eher Folge der ökonomischen Erschließung des Globus, die durch rassistische Gewalt, Raub und Enteignung an den Frontiers vorangetrieben wird. Beide gehen ineinander über. Neben die verfolgten Minderheiten des Nationalstaats rücken die Flüchtenden, die aus der Not und der Gewalt des globalen Kapitalismus fliehen. Kapital und Staat in all ihren Formen, ob kolonial, imperial, national, autoritär, sozialdemokratisch oder neoliberal erzeugen seit Jahrhunderten auf der ganzen Welt überflüssige Menschen, ja überflüssige Gesellschaften.[148] Seitdem machen sich diese Überflüssigen, beraubt und enteignet, unterdrückt und vertrieben, auf die Suche nach einer Zukunft. Auch wenn sich die Namen für diese Flüchtenden mit den verschiedenen Vertreibungsformen wandeln, all ihre Geschichten lassen sich zu einer losen Geschichte der Nationalismus- und Kapitalismusflucht bündeln. Diese Geschichte verbindet die Vagabund:innen der Frühen Neuzeit mit vielen Flüchtenden heute. Sie umfasst Vagabund:innen und entflohene Sklav:innen, Menschen, die vor den Genoziden des Kolonialismus und Imperialismus oder vor den Enteignungen des Freihandels, der Privatisierung, des Landgrabbing fliehen, die Flucht vor Hungersnöten, aus Elend und Not sowie aus verwüsteten Landschaften, die Flucht vor Zukunfts- und Perspektivlosigkeit, aus Bürgerkriegen und autoritären Regimen.

Kapitalismusflucht ist die Flucht aus den kapitalistischen Verwüstungen, aus Ausbeutung, Enteignung und Umweltzerstörung an den Frontiers. Im Gegensatz zum scheinbar neutralen Begriff der Wirtschaftsmigration erkennt der Begriff der Kapitalismusflucht die Gewalt an, die hinter Fluchtbewegungen steht. In einer Welt, in der Millionen Menschen hungern, keinen direkten Zugang zu Trinkwasser haben und an kurierbaren Krankheiten sterben, obwohl Mittel vorhanden wären, um die Not zu beenden, ist die Gewalt der gesellschaftlichen Organisationsformen evident.[149] Wo immer Not und Gewalt herrschen, lässt sich sogenannte Wirtschaftsmigration als Fluchtbewegung fassen.

Der Begriff der Wirtschaftsmigration verdrängt nicht nur die Gewalt von Fluchtbewegungen, er versammelt zudem so viele verschiedene Figuren, dass ihm die Griffigkeit fehlt. Was haben hochqualifizierte Expats mit Kettenmigrant:innen, illegalisierten Sorgearbeiter:innen, Bürgerkriegsflüchtenden und von der Erderhitzung Vertriebenen gemein, außer dass sie alle über nationalstaatliche Grenzen migriert sind?

Auch der Begriff der Wirtschaftsflucht ist keine gute Alternative. Wirtschaft statt Kapitalismus zu sagen, verschweigt oft nur die globalen Ungerechtigkeiten, Abhängigkeiten und Verantwortungen, die Fluchtbewegungen zu Grunde liegen. Die Welt ist kein Puzzle aus mehr oder weniger unabhängigen und begrenzten Volkswirtschaften. Der Begriff des Kapitalismus verweist stattdessen auf die globale Dimension ökonomischer Prozesse und auf rassistische Regime der Ausbeutung. Meistens haben Fluchtbewegungen koloniale und imperialistische Hintergründe und werden von Kämpfen um Ressourcen oder den Folgen der Erderhitzung beeinflusst. »We are here, cause you were there« (»Wir sind hier, weil ihr dort wart«) ist ein Protestslogan von Flüchtenden, der auf die kolonialen Kontinuitäten ebenso hinweist wie der Slogan »We didn't cross the border, the border crossed us.« (»Wir haben die Grenze nicht überschritten, die Grenze hat uns überschritten.«)

## Begegnung an den Grenzen

Kapitalismusflucht bleibt oft unsichtbar. Die meisten Vertriebenen sind Binnenvertriebene und fliehen innerhalb eines Landes oder allenfalls in Nachbarländer im globalen Süden. Die Flucht in den globalen Norden ist nicht nur gefährlich und langwierig, sie kostet auch viel Geld. Beispielsweise schafften es nur geschätzte 10 Prozent der in Jemen, Nigeria, Südsudan und Somalia durch Hungersnöte Vertriebenen, über Landesgrenzen hinweg zu fliehen. Von diesen 10 Prozent wiederum flohen nur die wenigsten bis Europa; innerhalb der Länder sind hingegen Millionen auf der Flucht.[150] Die meisten Flüchtenden landen in Lagern und Slums im globalen Süden und geraten so aus dem Blickfeld der meisten national organisierten Öffentlichkeiten. Die Länder, in denen die meisten anerkannten Flüchtlinge leben, sind die Türkei, Kolumbien, Pakistan und Uganda.

Während die Mehrzahl der Flüchtenden demnach ein Schattendasein fristet, tauchen einige wenige an den Stränden der Inseln des Wohlstands auf und erzeugen dort massive politische Reaktionen. Die Vertriebenen des Kapitalismus und Nationalismus lassen sich nicht vollständig verdrängen und in Lager sperren. Mit dem Mut der Verzweiflung, mit Plänen, Wünschen und Zielen, mit Kapital und Netzwerken suchen sich einige von ihnen einen Weg in den globalen Norden. Die dabei entstehenden Begegnungen bergen politische Sprengkraft, da sie die politische

Aufteilung der Welt durcheinanderbringen. Bis heute wird die Position eines Menschen im globalen sozialen Gefüge vor allem durch die Geburt bestimmt.[151] Grenzen sind der entscheidende Faktor in der Geburtslotterie. Kapitalismusflucht kann als Herausforderung der Geschichte und Gegenwart globaler Ungerechtigkeit und Gewalt verstanden werden. Führt sie über die Grenzen der Mittelschichten hinweg, macht sie die Gewalt des Kapitalismus auch im globalen Norden sichtbar. Deshalb werden die Flüchtenden von globalisierungskritischen Theoretiker:innen häufig zu politisch entscheidenden Figuren des neoliberalen Kapitalismus erklärt.[152]

## Nacktes Humankapital

William Jones will die Gewalt, Ausbeutung und Unsicherheit im Süden nicht länger ertragen und schmiedet einen Fluchtplan, denn er befürchtet, von seinem Besitzer verkauft zu werden. Anstatt sich auf den Auktionsblock zerren zu lassen, stellt er die Dinge auf den Kopf und erklärt sich selbst zur Ware. Von einem Verwandten lässt er sich in eine Kiste und auf ein Expressschiff, das in den Norden fährt, verladen. Nach 17 Stunden, in denen er von Panik, Angst, Ohnmacht und Kälte so lange heimgesucht wird, bis er sich mit dem Tod abfindet und vor Erschöpfung einschläft, kommt er an einem Sonntag im April 1859 in Philadelphia an. Seine Kiste wird von einem Freund am Dampfer abgeholt und zu Aktivist:innen des Fluchtnetzwerks der Underground Railroad gebracht. Hier wird er endlich befreit.[153]

Wie bei Fluchten der Versklavten aus den Südstaaten der USA tarnen sich viele Flüchtende auch heute noch als Waren und lassen sich in Containern und Kisten, in LKWs, Flugzeugen und Schiffen über Grenzen transportieren. Diese Taktik ist sehr gefährlich und endet oft tödlich. Das »Ware-Werden« ist eine stumme Anklage der Tatsache, dass Waren meist frei zirkulieren, die meisten Menschen aber kaum Bewegungsfreiheit besitzen, entweder weil ihnen das Kapital fehlt oder weil sie keine oder nicht die richtigen Pässe haben, um Visa zu beantragen und über Grenzen zu reisen.

Während Waren und Rohstoffe um die Welt fließen, werden die meisten Menschen eingezäunt. Wenn die Flüchtenden die Grenzen des globalen Nordens überqueren, stehen sie paradigmatisch für die Folgen des ungerechten und oft gewaltvollen Zugriffs auf Ressourcen und Arbeitskraft ein, die den Kapitalismus auszeichnen. Die globalen Gewaltverhältnisse, die Tatsache, dass die Kosten und Gewinne des globalen Wirtschaftens extrem ungleich verteilt werden, wird durch Fluchtbewegungen sichtbar. Die Kapitalismusflüchtenden sind Übergangsfiguren, die das Leid, die Not und die Gewalt der Frontiers mit dem imperialen Leben der Ober- und Mittelschichten verbinden. Sie sind Bot:innen, die zwischen getrennten Welten vermitteln. Im globalen Norden verkörpern sie »das universelle Leiden an der imperialen Lebensweise«[154] und entzaubern so die neoliberalen Erzählungen vom globalen Wohlstand durch Wirtschaftswachstum.

In der Kapitalismusflucht zeigt sich die Härte der gegenwärtigen neoliberalen Konjunktur des Kapitalismus schonungslos. Die Flüchtenden sind die konsequentesten neoliberalen Unternehmer:innen ihrer selbst, schutzloses Humankapital. Ohne die Hüllen von Staaten, Versicherungen, Rechtssystemen und Institutionen sind sie prädestiniert für die Ausbeutung bis hin zur Versklavung. Sie setzen alles, was sie haben, auf eine Karte. Ihre Fluchten sind die verzweifelten Versuche, Teil der globalen Mittelschichten zu werden oder zu bleiben. Sie fliehen aus der fortgesetzten ursprünglichen Akkumulation, die ganze Gesellschaften enteignet, und aus den damit einhergehenden Bürgerkriegen, die staatliche und zivilgesellschaftliche Strukturen zerstören. Vertrieben aus der Zukunftslosigkeit schwacher und zerfallender Staaten setzen sie ihr Kapital und Leben aufs Spiel. Sie halten sich an nichts außer an einige tausend Dollar geliehenes und gespartes Geld, an Schleusernetzwerke, an ihre Träume und Hoffnungen.

Doch selbst wenn die Flucht über die tödlichen Außengrenzen gelingt, ist sie nicht vorbei. Im Anschluss werden sie in Lager gesperrt und durchlaufen oft langwierige Asylverfahren. Die können zu meist temporären Aufenthaltstiteln führen, oft werden die Flüchtenden aber auch illegalisiert und müssen sich auf Plantagen und Baustellen, in Küchen und Bordellen ausbeuten lassen und unter der ständigen Drohung der Abschiebung leben.

Die Würde und die Rechte von Kapitalismusflüchtenden hängen an ihren Aufenthaltstiteln und die werden oft von ihrer Nützlichkeit abhängig gemacht. Wer die Lücken der überalternden Gesellschaften schließt, kann bleiben und sich langsam Rechte und Zugehörigkeit erarbeiten. Wer nicht nützlich ist, wird zum Gehen aufgefordert, abgeschoben oder illegalisiert.

An den Flüchtenden wird politisch verhandelt, was mit all denen geschehen soll, die sich nicht ausbeuten lassen, keinen Mehrwert mehr generieren und wirtschaftlich überflüssig werden. An ihnen werden Maßnahmen sozialer Herrschaft wie Bezahlkarten, Hungerlöhne, Einschränkung der Bewegungsfreiheit, Rassismus, Entzug von Rechten und Arbeitspflichten getestet. Der rassistische Umgang mit den Flüchtenden funktioniert deshalb wie eine Drohung an alle, die an den Rändern der Mittelschichten stehen. Was an den Flüchtenden experimentell erprobt und normalisiert wird, lässt sich potenziell auf andere gesellschaftliche Gruppen ausweiten.

Kapitalismusflüchtende geben den Blick frei auf eine kapitalistische Dystopie, in der Menschen zu nacktem Humankapital entwertet werden und ein würdeloses und gefährliches Dasein an den Rändern der Inseln des Wohlstands fristen, getrieben von der perfiden Hoffnung, dass ihnen doch gelingen könnte, woran so viele andere scheitern. An ihnen wird ein autoritärer Neoliberalismus erprobt, in dem es nur noch Individuen gäbe, die es entweder zu Reichtum bringen oder ausgebeutet und, wenn sie nicht mehr nützlich sind, aufgegeben werden.

An den Kapitalismusflüchtenden zeigt sich so, wie dünn die Hülle aus Rechten, Sozialversicherungen und gesellschaftlicher Solidarität ist, die Mittelschichten vor dem Fall in Not und Elend schützt. Die in zweihundert Jahren hart erkämpften und institutionalisierten sozialen Rechte sind beständig politischen Angriffen ausgesetzt, und die liberalen Forderungen nach Diversity können schnell in rassistischen Autoritarismus kippen.

Die Infragestellung von sozialen Absicherungen und Privilegien macht die Kapitalismusflüchtenden zu unheimlichen Figuren, fremd und vertraut zugleich. Dieser unheimliche Status kann helfen zu verstehen, wieso sie rassistisch zu Anderen gemacht werden. Die Entwürdigung und Entrechtung von Flüchtenden dient einerseits der Statussicherung von Teilen der Mittelschichten, die mit Hilfe rassistischen Nach-Unten-Tretens ebenso wie mit humanitärem Paternalismus ihre Ängste vor dem sozialen Abstieg verdrängen. Sie ist aber gleichzeitig eine Strategie von Teilen der Oberschichten, die damit soziale Rechte erodieren lassen und die Ausbeutung intensivieren wollen.

Kurzfristig mögen diese politischen Strategien der Gewalt Erfolg versprechen, mittelfristig sind ihre Folgen desaströs. Wie Hannah Arendt gezeigt hat, lässt sich die Gewalt gegen die Flüchtenden nicht einhegen, sie breitet sich unweigerlich auf andere Teile der Gesellschaft aus und läuft auf einen gesellschaftlichen Kriegszustand zu.

Doch rassistische Politiken sind nicht alternativlos. Ihnen stehen die Politiken der Flüchtenden und ihrer Unterstützer:innen entgegen. Das hier entworfene Bild der Kapitalismusflüchtenden als nacktes Humankapital ist so unvollständig wie das Bild des Nationalismusflüchtlings als bloßes Leben. Flucht erschöpft sich nicht in den Vertreibungen durch Kapitalismus und Nationalstaaten. Die Flüchtenden sind nicht nur Opfer. Sie fordern eine Zukunft ein. Ihre Grenzüberschreitungen verändern die rassistische Aufteilung von Wohlstand und Armut. Ihre Proteste für Gleichheit, Rechte, Staatsbürger:innenschaften und umfassender Anerkennung zielen auf politische Neugründungen. Die Flüchtenden sind deshalb immer auch politisch Handelnde.

# DRITTER TEIL: DIE WIDERSTÄNDIGEN POLITIKEN DER FLUCHT

1947 sorgte der Widerstand von Flüchtenden auf einem Schiff im Mittelmeer für internationale Schlagzeilen. Auf der Exodus 47 hatten knapp 5 000 Jüd:innen versucht, aus den Lagern in Europa nach Palästina zu fliehen. Viele Überlebende der Shoa sahen auf dem Kontinent keine Zukunft. Gechartert von der zionistischen Untergrundorganisation Hagana machten sich nach dem Zweiten Weltkrieg viele solcher Schiffe auf den Weg nach Palästina, obwohl die britischen Besatzungsorgane die Einreise stark beschränkten, die Schiffe abfingen und die Flüchtenden nach Zypern in Lager brachten, wo sie auf die Möglichkeit warteten, doch noch nach Palästina einreisen zu dürfen. Auch die Exodus 47 wurde von britischen Schiffen kurz vor Palästina angegriffen, gerammt und gestürmt. Die Flüchtenden und die Besatzung verbarrikadierten sich und verteidigten das Schiff mit bloßen Händen, Konservendosen und Kartoffeln gegen die bewaffneten englischen Soldaten, wobei ein Besatzungsmitglied und zwei junge Flüchtende von den Soldaten getötet wurden. Letztlich war dieser Widerstand erfolglos, und die Pläne einer Landung am Strand von Tel Aviv wurden vereitelt. Die Flüchtenden betraten den Boden Palästinas nur für wenige Stunden, um dann auf drei Schiffen verteilt zurück nach Europa deportiert zu werden. Doch damit war ihr Widerstand nicht gebrochen. In Portbou in Südfrankreich angekommen, weigerten sie sich wochenlang, von Bord zu gehen, obwohl die Bedingungen auf den Schiffen in der Sommerhitze katastrophal waren. Mit ihrem Streik erkämpften sie sich Aufmerksamkeit in der internationalen Öffentlichkeit. Die Flüchtenden setzten die Brit:innen derart unter Druck, dass denen letztendlich nichts mehr einfiel, als sie wieder nach Deutschland zurückzuschicken, was einer politischen Bankrotterklärung gleichkam. Die Flüchtenden der Exodus 47 waren zum Mythos geworden: Obwohl sie gegen eine überwältigende Übermacht gekämpft hatten und am Ende wieder in deutsche Lager gesperrt wurden, hatten sie die politische Auseinandersetzung gewonnen.

Das Buch der Journalistin Ruth Gruber über die jüdischen Flüchtenden auf den Schiffen vor der französischen Küste in Portbou und in den Lagern auf Zypern zeichnet die Proteste und den Alltag der Flüchtenden nach.[155] Gruber beschreibt, wie die Flüchtenden in den Lagern und auf den Schiffen nicht nur einen erstaunlich geordneten Alltag organisierten, sondern zudem ein reiches kulturelles Leben aufrechterhielten und sich darüber hinaus politisch organisierten. Obwohl die Flüchtenden nur aufgrund der eigenen Not in die Öffentlichkeit treten konnten, waren sie keine entpolitisierten Opfer oder Ausdruck bloßen Überlebens. Vielmehr politisierten sie ihren Alltag unmittelbar, arbeiteten präfigurativ an einer zukünftigen Gesellschaft und formten ihr Leben zu einem politischen Symbol. Gruber erklärt sich die Widerstandskraft und politische Handlungsfähigkeit der jüdischen Flüchtenden mit ihrer Zukunftsgewandtheit. Auch wenn ihr Leben durch die unfassbaren Schrecken der Shoa geprägt war, bekamen sie trotzdem unter den widrigsten Bedingungen Kinder. Darin sieht Gruber die Behauptung einer selbstbestimmten Zukunft, und dafür waren die Flüchtenden bereit zu kämpfen.

Die Kinder der Flüchtenden können so als Inbegriff des Neuanfangs verstanden werden. Arendts Begriff der Natalität,[156] der durch die Geburt symbolisierten menschlichen Fähigkeit, etwas Neues zu beginnen, lässt sich hier materialistisch lesen. Es war eine politische Entscheidung, sogar in den Lagern, direkt nach der Shoa, Kinder zu bekommen. Die Kinder stehen damit für Handlungsmacht, Mut und den Glauben an eine bessere Zukunft.

## Arendt versus Arendt

Es ist vor dem historischen Hintergrund der 1940er Jahre verständlich, aber nicht selbstverständlich, dass Arendt die Figur des Flüchtlings viktimisierte. Die Opferrolle mag sich in ihre Geschichten von Imperialismus, Antisemitismus und Totalitarismus fügen, die den Weg in den Faschismus ebneten. Doch vor dem historischen Hintergrund wie auch in Anbetracht von Arendts restlichem Werk sind die Aussagen im Kapitel zur Flucht aus ihrem Totalitarismus-Buch nicht alternativlos. Liest man Arendt gegen sich selbst, wird ihre Figur des Flüchtlings vielschichtiger.

In ihrem Essay »Wir Flüchtlinge«[157] beschreibt Arendt eine weniger passive Version der Flüchtenden und zeigt in Ansätzen deren Handlungs- und Selbstbestimmungsmöglichkeiten auf. »Wir Flüchtlinge«: Der Titel könnte der Beginn einer revolutionären Erklärung sein. Doch diesem Eindruck wird schon im ersten Satz des Textes widersprochen, indem die Autorin die Selbstbehauptung der Flüchtenden zurücknimmt: »Zuallererst mögen wir nicht Flüchtlinge genannt werden.«[158] Neuankömmlinge und Immigrant:innen wären laut Arendt die akzeptierten Selbstbezeichnungen, was beides entpolitisierende Begriffe sind. Die Flüchtlinge treten bei ihr nicht als kollektives, organisiertes, politisches Subjekt auf, sondern vereinzelt und unpolitisch, im Sozialen und Privaten gefangen. Sie sind weniger die, die sich zusammentun und politische Neugründungen planen, sondern vielmehr die, die sich einsam und hoffnungslos von einem Wolkenkratzer stürzen. Trotzdem erkennt sie die politische Bedeutung der Flucht an. Ihr Paria-Dasein, ihr Witz und Humor und ihre Einsicht in die Schrecken von Nationalismus, Faschismus und Totalitarismus lassen die Flüchtlinge für sie zu politischen Wegweisern werden. Arendts Essay kann deshalb durchaus als politische Intervention verstanden werden: Während sie die Unmöglichkeit einer Politik der Flüchtenden herausstellt, versucht sie gleichzeitig, das kollektive und politische »Wir« der Flüchtenden zu ergründen und zu stärken.

Noch deutlicher wird ihre Hoffnung auf politische Fluchtbewegungen in ihren Beiträgen der ersten Hälfte der 1940er Jahre für die Zeitschrift *Aufbau*.[159] Als bewegungsnahe Intellektuelle plädierte sie während der ersten Kriegsjahre für ein bewusstes Paria-Dasein und den Aufbau einer jüdischen Armee, die durchaus als eine Armee der Flüchtenden zu verstehen war. Sie setzte ihre Hoffnungen auf die Aufstände im Warschauer Ghetto und in verschiedenen europäischen Lagern sowie auf den Widerstand jüdischer Guerillatruppen.

Ihre Forderungen nach bewaffnetem Widerstand und einer jüdischen Armee scheiterten 1942. Stattdessen wurde die zionistische Bewegung in den jüdischen Communitys zur neuen Leitidee.

Arendt jedoch lehnte den Zionismus immer stärker ab, wovon ihre Texte für den *Aufbau* ebenfalls Zeugnis ablegen. Das Problem des Zionismus sah sie in seinen gewaltvollen politischen Mitteln: Er verschiebe die demokratische Politik auf morgen und werde in Palästina durch Geheimdiplomatie und Terror gegen die arabische Bevölkerung sowie die Kolonialverwaltung vorangetrieben. Anstatt ein föderatives Modell zu entwickeln oder den Rahmen des Nationalstaats zu verlassen, setze die zionistische Bewegung auf einen jüdischen Nationalstaat, was zur Vertreibung und Unterdrückung der Palästinenser:innen und damit in eine tragische Spirale der Gewalt führen müsse.

In »Wir Flüchtlinge« und ihren politischen Kommentaren und Kolumnen aus den Kriegsjahren beschreibt Arendt also durchaus widerständige Merkmale der Flüchtenden. In dem Theoriemodell ihres Totalitarismusbuchs sieht sie für die Flüchtenden allerdings keine Möglichkeit, Politik zu machen: Ihr Leben werde so sehr durch Not, Zwang und Gewalt bestimmt, dass an freies politisches Handeln nicht zu denken sei. Da sie kein Eigentum und keinen Privatraum besäßen, fehlte es ihnen an der nötigen Sicherheit und Zeit, um politisch zu agieren. Ihr Weltverlust bedeute gleichzeitig den Verlust der Option, politisch zu handeln. Ihnen fehlten zudem eine politische Zugehörigkeit und eine Identität, unter der sie sich als Gruppe organisieren könnten. Deshalb könnten sie nicht mit anderen pluralistisch und frei ihre Macht entfalten. Arendts Begriff des Flüchtlings kommt einem ohnmächtigen Eingeständnis der eigenen Opferrolle gleich. Nach ihrem Verständnis kann es letztlich nur Flüchtlingspolitiken geben, in denen andere über die Flüchtenden entscheiden und in denen sie instrumentalisiert werden.

Wie am Beispiel der Exodus 47 gezeigt, kann es Flüchtenden allerdings durchaus gelingen, sich trotz aller Widrigkeiten politisch zu behaupten, in der Öffentlichkeit zu erscheinen und die Zukunft zu gestalten. Diese Politiken mögen selten und prekär[160] sein, ohne staatliche Macht auskommen müssen und beständig von paternalistischer Humanitarisierung, rassistischer Unterdrückung, Not und Gewalt bis hin zum Genozid bedroht sein: Sie behaupten sich trotz allem.

Selbst aus NS-Vernichtungslagern wie Sobibor und Treblinka[161] gab es Ausbrüche und Fluchten. Die Flucht aus Sobibor war eine minutiös vorbereitete Aktion, für die sich Häftlinge über Sprachgrenzen hinweg organisiert hatten, um alle 600 Zwangsarbeiter:innen des Lagers zu befreien. Neben dem Willen zum Überleben und der Rache trieb die Flüchtenden vor allem der politische Wunsch an, das Lager zu vernichten, das Morden zu beenden und der Öffentlichkeit von den Vernichtungslagern zu berichten. Auch wenn von den Lagerinsass:innen nur 300 entkamen und von diesen nur etwas mehr als vierzig die folgenden Tage und Jahre überlebten, waren diese Zeug:innen entscheidend für spätere gerichtliche Prozesse und die historische Aufarbeitung der Shoa.[162]

## Geschichten der Vertreibung

Der Fokus der beiden ersten Kapitel zu Nationalismus- und Kapitalismusflucht lag auf Vertreibung. Bei Arendt und in den kapitalismuskritischen Erzählungen der fortgesetzten ursprünglichen Akkumulation treten die Flüchtenden dabei vor allem als Opfer auf. Apolitisch und passiv werden sie von den Wogen der Geschichte entwurzelt und auf die Straßen und Meere gespült. Und selbst wenn sie mit viel Glück an Land getrieben werden, werden sie meist nur weiter abgeschoben, eingesperrt oder ausgebeutet. Sie erscheinen als vertriebene Minderheiten und als vereinzelte, unorganisierte und notleidende Individuen, die von den gewaltigen Kräften des Nationalismus und Kapitalismus zerrieben werden: nacktes Überleben und abstraktes Humankapital. Aus dieser Perspektive ist die Flucht keine politische Handlung, sondern allein eine passive Reaktion auf Not und Gewalt.

Arendts Anerkennung der Flüchtlinge als Seismograf:innen, die einen direkten Zugang zur Geschichte haben, zollt ihnen zwar eine gewisse Bedeutsamkeit. Allerdings sind das Spüren von Erschütterungen, die andere verursacht haben, und das Verständnis von Zusammenhängen, die andere diktiert haben, letztlich weit entfernt davon, Geschichte selbst zu schreiben. Als Vertriebene bleiben die Flüchtenden in alptraumhaften Szenarien gefangen: Wie Kassandra mögen sie die Folgen von Imperialismus, Rassismus, Nationalismus und Faschismus als

Erste erkennen, doch niemand hört auf ihre Warnungen. Obwohl sie unfassbar lange und unwegsame Strecken zurücklegen, kommen sie doch nicht vorwärts, und ihre Fluchten enden in Lagern oder bürokratischen Verwaltungsmaschinerien. Sowohl in Arendts Beschreibung des Flüchtlings als auch in den globalisierungskritischen Geschichten von den Vertreibungen an den Frontiers tauchen die Flüchtenden also zwar an entscheidender Stelle auf, schaffen es aber nicht, einen Subjektstatus mit politischer Handlungsmacht zu erlangen.

Mit diesen beiden Geschichten der Vertreibung ist aber nur eine Seite des vieldeutigen Begriffs der Flucht[163] beleuchtet. Sowohl die Geschichte der Nationalismusflucht als auch die der Kapitalismusflucht bieten Ansätze für widerständige Gegengeschichten, in denen Flucht eine politische Handlung ist.

## Politisierung durch Not

Anstatt Arendts Überlegungen zur Flucht zu verwerfen,[164] ist es sinnvoll, die durchaus vorhandenen Funken in ihrem Werk aufzuspüren, in denen die Politiken der Flüchtenden erkennbar werden. Ich denke, dass eine gewisse Paradoxie in Arendts Denkgebäude für eine Theorie der Flucht produktiv gemacht werden kann. So widersprüchlich sie auch erscheinen mögen, bilden Flüchtlingspolitiken und Politiken der Flüchtenden zwei Seiten einer Medaille. Mögen erstere noch so gewaltvoll, rassistisch und sexistisch ausgespielt werden, sie werden gleichzeitig immer wieder von Politiken der Flüchtenden durchkreuzt. Die Flüchtenden handeln trotz aller Gewalterfahrungen politisch, schreiben ihre eigene Geschichte und erklären ihre Rechte. Das von Arendt postulierte Recht, Rechte zu haben, ist politisch ambivalenter, als sie es selbst darstellt.

Not kann lähmen, aber auch politisieren. Politiken der Flüchtenden erreichen dabei jedoch nie die vollumfängliche Freiheit von Arendts Handlungsbegriff. Schließlich können sie sich von der Not nie ganz befreien. Vielmehr werden sie zu Grenzfiguren[165] an den Rändern von Gemeinschaften degradiert, zu Minderheiten, die sich ihr Recht, Rechte zu haben, erst mühsam erkämpfen müssen.

Politiken der Flucht sind deshalb weniger umfassende theoretische Entwürfe des Neubeginns als vielmehr praktischer, lebensnaher Art. Sie zeigen sich weniger in großen Reden, als vielmehr in direkten Handlungen wie Grenzübertritten, Märschen und Besetzungen. Politiken der Flüchtenden sind keine heroischen revolutionären Bewegungen. Trotzdem sind ihre Fluchtpunkte die großen modernen Ideale der Politik: Freiheit, Gleichheit, Solidarität. Selbst in der Not bleiben Menschen politische Wesen. Politiken der Flüchtenden sind prekäre Politiken, die an den steilen Hängen der Gesellschaften stattfinden, über Abgründen und in Meeren, an Steilklippen und Stränden, aber sie finden statt.

## Kämpfe um Bürger:innenschaft

Die Bewegung der Sans-Papiers in Frankreich erreichte Ende der 1990er Jahre Bekanntheit durch Kirchenbesetzungen, Hungerstreiks und schließlich die gewaltsame Stürmung und Räumung der Kirche St. Bernard in Paris durch die Polizei.[166] Diese Aktionen schufen die Grundlage für eine breite Solidarisierung in der französischen Bevölkerung, die 1997 in Massenprotesten gegen das sogenannte »Gesetz Debré« gipfelte. Das Gesetz prekarisierte den Aufenthaltsstatus für Menschen ohne Staatsbürger:innenschaft und forderte in seinem Entwurf die Denunziation von Illegalisierten durch Französ:innen, die Ausländer:innen bei sich wohnen ließen.[167] Parallel dazu formierte sich in Deutschland das »The Voice Refugee Forum«, das mit der »Karawane für die Rechte der Migranten und Flüchtlinge« 1998 zum ersten Mal in Erscheinung trat und vor der Bundestagswahl durch deutsche Städte und Lager zog. 1999 folgten die Besetzung eines Parteibüros der Grünen in Köln und ein Hungerstreik durch von der Abschiebung bedrohte Flüchtende.

Die Bewegungen der 1990er Jahre konnten an die Arbeit der Flüchtlingsräte und Exilorganisationen, die häufig als Parteien oder Vereine organisiert waren, anschließen. Im Gegensatz zu den Exilant:innen, beispielsweise iranischen Kommunist:innen, kurdischen Vereinen oder der togoischen Partei für Demokratie und Erneuerung, waren die Proteste der Sans-Papiers und Refugees nicht mehr entlang ethnischer Trennlinien gespalten.[168] Die politischen Figuren des Refugees und der Sans-Papiers, die sich in diesen Protesten formierten, politisierten die Flucht, deren Verständnis bis dahin stark durch Humanitarismus und Opferrolle geprägt gewesen war. Die Refugee-Aktivist:innen schufen sich mit ihren Protesten eine Bühne für den Kampf gegen ihre Entrechtung, gegen Lagerhaft, Abschiebungen und Rassismus, aber auch für transnationale und globale Themen: Sie waren nicht mehr nur Sprachrohr für bestimmte Fluchtbewegungen aus einzelnen Ländern, sondern schlossen sich den globalisierungskritischen Bewegungen der 1990er Jahre an. Osaren Igbinoba, der das »The Voice Refugee Forum« 1994 mitgründete, war beispielsweise Redner bei den Protesten gegen den G8-Gipfel in Genua. Die Kernaussage seiner Rede war: »Wir sind hier, weil ihr unsere Länder zerstört.«[169]

## Wer ist das Volk?

Für einige radikaldemokratische Philosoph:innen[170] sind die Proteste der Sans-Papiers ein Paradebeispiel demokratischer Politiken, denn ihre Proteste verkörpern die fundamentale Paradoxie der Demokratie: Wenn die Demokratie sich dadurch auszeichnet, dass der Demos, also das Volk, über sich selbst entscheidet, wer gehört dann zum Demos, der über die Zusammensetzung des Demos entscheidet? Oder in Arendts Formulierung: Worauf gründet das Recht, Rechte zu haben?

Die Kämpfe der Sans-Papiers reihen sich aus dieser Perspektive in eine lange Tradition von Kämpfen[171] um Bürger:innenschaft ein, Kämpfe darum, wer zu einer politischen Gemeinschaft gehört und wessen Stimme Gewicht besitzt. In diesen Auseinandersetzungen um Rechte und Anerkennung werden die Grenzen der Demokratie verschoben, indem grundsätzlich über Aus- und Einschluss verhandelt wird. Die Kämpfe der Flüchtenden gegen Residenzpflicht, Lagersystem, Rassismus, Arbeitsverbote und für

Rechte, Anerkennung und Aufenthaltstitel stellen die fundamentale Frage der Demokratie: Wer ist das Volk? Die Sans-Papiers aktualisieren damit Kämpfe um politische und soziale Rechte und schließen an die Arbeiter:innen- ebenso wie an Frauen-, Bürgerrechts- und neue soziale Bewegungen an. Diese hatten zuvor den Demos entscheidend erweitert und eine Radikalisierung der Demokratie erstritten.

## Das Recht auf Politik und die Gleichfreiheit

Der Philosoph Étienne Balibar unterstützte die Proteste der Sans-Papiers, beschrieb die Kämpfe als demokratische Lehrstunde und bezeichnete sie als »herausragende Momente in der Entwicklung einer *aktiven Staatsbürgerschaft*«.[172] Ausgehend von der Figur der aktivistischen Flüchtenden fasste er demokratische Politik als zivile, widerständige Handlung. Balibar führte damit Arendts tautologisches Recht, Rechte zu haben, aus seinen Widersprüchen und stärkte es zu einem »universellen Recht auf Politik«.[173] Arendts eher passiv wirkende Schutzformel wird so zu einem kämpferischen politischen Statement. Das Recht auf Politik ist nicht mehr nur das tragische und hilflose Eingeständnis, dass die von Nationalismus, Imperialismus und Faschismus verfolgten Minderheiten unweigerlich zum Kampf ums nackte Überleben degradiert werden.

Balibars Recht auf Politik liegt vielmehr Arendts andere Einsicht zu Grunde, dass politisches Handeln, wie die Neuanfänge von Revolutionen, immer ereignishaft ausbrechen kann und sich nie vollständig unterdrücken lässt. Wie revolutionäre Erklärungen sich nicht mehr auf Gott oder die Natur berufen, sondern sich auf sich selbst gründen, so kann Politik jederzeit und überall aus sich heraus neu beginnen. In diesem Sinne gründet demokratische Politik bei Arendt ebenso wie bei Balibar auf der Ereignishaftigkeit der großen modernen Revolutionen.

Es gibt allerdings einen entscheidenden Unterschied zwischen beiden. Arendt hat die Französische Revolution als gescheitert betrachtet, da sie von Not, Hunger und Mitleid getrieben in die

Gewaltexzesse des Terrors geführt habe.[174] Für Arendt waren die Verhandlungen in den Townhalls der Amerikanischen Revolution deshalb das Ideal politischen Handelns. Doch Balibar hält die Amerikanische Revolution für unvollständig, weil sie auf Landraub und Sklaverei gegründet war und nur Angehörige der weißen männlichen Oberschichten versammelte. Für ihn ist stattdessen die Erklärung der Menschen- und Bürger:innenrechte von 1789 der Fixpunkt, mit dem sich die moderne politische Welt aus den Angeln heben und neu gründen ließ. Für Balibar zeichnete sich die Französische Revolution nicht durch die spätere Terrorherrschaft der Jakobiner:innen, sondern durch das gemeinsame Eintreten von Bürgerlichen und Unterschichten, von weißen und Schwarzen, Männern und Frauen für Menschen- und Bürger:innenrechte aus. Menschenrechte sind laut Balibar kein machtloses und schöngeistiges Phantasma. Vielmehr stehen Menschen- und Bürger:innenrechte in einem Verhältnis der gegenseitigen Abhängigkeit: Es kann die einen nicht ohne die anderen geben. Beide sind gleichursprünglich.

So wie es Menschen- und Bürger:innenrechte nur gemeinsam geben kann, so kann es laut Balibar auch die demokratischen Grundwerte von Freiheit und Gleichheit nur zusammen geben. Diese Idee teilt er mit Arendt. Zwar ist für sie die Freiheit der höchste politische Wert. Doch echte Freiheit bestimmt sie nicht als negative Freiheit, das heißt als Abwesenheit von Zwang oder als Garantie eines Lebens ohne Not. Vielmehr ist Arendts Freiheit definiert durch eine positive Freiheit, die auf der griechischen Idee der Isonomie, der Gleichheit vor dem Gesetz, zurückgeht und im politischen Handeln unter Gleichen gipfelt.[175] Freiheit ist deshalb auch bei Arendt letztlich nur unter Gleichen möglich. Auch bei ihr verschränken sich Freiheit und Gleichheit im politischen Handeln.

Umgelegt auf die staatlich kontrollierten Massengesellschaften der Moderne hieße das: Das liberale Versprechen von Freiheit muss durch das soziale Versprechen auf Gleichheit ergänzt werden. Liberalismus und Sozialismus sind nur gemeinsam zu verwirklichen. Balibars zentraler Begriff der Gleichfreiheit bedeutet genau das: Es kann keine Freiheit ohne Gleichheit und keine Gleichheit ohne Freiheit geben. Ebenso kann es keine Menschen ohne Bürger:innen und keine Bürger:innen ohne Menschen geben. Gäbe es nur Bürger:innen, die sich perfekt in die Staaten und deren Grenzen einfügen würden, hätten wir es mit einem totalitären System zu tun, das alle unangepassten Bürger:innen vernichten und so die Freiheit auf dem Altar der Gleichheit opfern würde. Eine Gleichheit, die jede Andersartigkeit ablehnt und ausmerzt, ist keine Gleichheit mehr, sondern endet im Krieg der Gesellschaft gegen sich selbst. Umgekehrt gilt: Gäbe es nur noch Menschen und keine Bürger:innen, dann wären diese Menschen der grenzenlosen, undemokratischen Gewalt des globalen Kapitalismus ebenso ausgeliefert wie der von Arendt befürchteten globalen totalitären Gesellschaft. Freiheit ohne Gleichheit brächte die grenzenlose Gewalt der Ausbeutung und der Unmöglichkeit zu fliehen und würde die Freiheit auf diese Weise vernichten.

Gleichheit und Freiheit können deshalb immer nur miteinander verwirklicht werden. Menschen und Bürger:innen existieren nur gemeinsam und zwar im politischen Handeln, in dem sich die Gleichfreiheit der Französischen Revolution immer neu und anders konstituiert. In diesem Sinn agierten die Sans-Papiers als Gleiche und Freie und nahmen sich die Menschen- wie die Bürger:innenrechte. Sie erschienen mit ihrem Protest als Gleiche und Freie in der Öffentlichkeit und aktualisierten die revolutionäre Erklärung von 1789 durch aktives politisches Handeln.

## Jede Gesellschaft ist innerlich gespalten

Gleichfreiheit ist jedoch kein festes Fundament, das sich in fixe Institutionen gießen ließe. Sie muss immer neu ausgehandelt werden und entfaltet sich nur in einem Prozess der Radikalisierung von Demokratie. Die Grundlage von Gesellschaften ist ein ständiger Konflikt, der in immer neuen Konstellationen ausgespielt wird. Zwischen Menschen und Bürger:innen tun sich immer neue Gräben auf, Freiheit und Gleichheit widersprechen sich immer aufs Neue. Gesellschaften sind laut Balibar deshalb nie mit sich im Reinen, sondern entlang tiefer Brüche zerstritten. Sie werden nicht durch demokratische Politik gespalten, sie sind konstitutiv gespalten. Demokratische Politiken sind also nicht spalterisch, wie ihnen oft vorgeworfen wird, sie weigern sich nur, die sowieso existierenden gesellschaftlichen Spaltungen zu verdecken und zu verdrängen. Mutig sprechen sie Probleme an und machen so ihre Aushandlung in immer neuen Kämpfen möglich, die sich entlang der Verwerfungslinien von *race*, Klasse, Geschlecht, Alter, *ability*, Weltanschauungen und vielem mehr immer wieder anders organisieren.

Die gewaltfreie oder zumindest gewaltarme Verhandlung dieser Konflikte gelingt nach Balibar nur durch ein partizipatorisches Element, denn es ist unmöglich, die Widersprüche durch Vernunft, Wissenschaft oder Gewalt aufzulösen oder sie durch Verwaltung und Management zu befrieden. Jeder Versuch, die bürgerschaftlichen, zivilen und demokratischen Streitprozesse zu vermeiden oder zu umgehen, steigere unweigerlich die Gewalt:

> »Die politische Ordnung ist höchst prekär: ohne eine permanente Erneuerung im Rahmen der Zivilität droht sie sich beständig in einen ›Kriegszustand‹ zu verwandeln, in einen Krieg zwischen den Staaten und innerhalb jedes einzelnen Staates – das heißt über alle Grenzen hinweg.«[176]

Wie im ersten Teil dargestellt, beschreibt Arendt genau dieses Umkippen der politischen Ordnung Europas anhand der Zwischenkriegszeit und weist den Flüchtlingspolitiken darin eine entscheidende Rolle zu. Balibar sieht die Gefahr einer ähnlichen Entwicklung seit dem Ende der 1980er Jahre, als sich konservative und rechtsextreme Parteien und Bewegungen in Europa auf Grundlage von Flüchtlingspolitiken neu ausrichteten. Die Dekolonialisierung und ihre Migrationsbewegungen sowie der Zerfall der Sowjetunion und Jugoslawiens, der zu Kriegen und großen Fluchtbewegungen geführt hatte, wurde in Europa mit rassistischen Flüchtlingspolitiken beantwortet.

Es bildete sich die Konjunktur eines »Rassismus ohne Rassen« heraus.[177] Dieser kulturelle Rassismus distanziert sich von biologischen Rassekonzepten und behauptet eine Unvereinbarkeit verschiedener Kulturen und Religionen. Mit ihm wird das Schreckgespenst eines Untergangs des weißen, christlichen Abendlandes durch demografischen Wandel und Migrationsbewegungen an die Wand gemalt und die koloniale Paranoia einer umgekehrten Kolonisierung neu erfunden.

Balibar zeigt auf, wie sich das Eintreten der Sans-Papiers für Gleichfreiheit gegen die Normalisierung eines andauernden Kriegszustands in Europa stemmte. In den Protesten der Sans-Papiers zeigte sich in seinen Augen die demokratische Zivilität, die er bei der Gründung der Europäischen Union vermisst hatte.

## Die Ausgeschlossenen

Laut Balibar lässt sich radikaldemokratische Politik an ihrer Aktualisierung der Gleichfreiheit erkennen. Gleichfreie Politik nimmt Konflikte aus der Perspektive der Ausgeschlossenen wahr und konfrontiert damit die Bürger:innenrechte immer wieder aufs Neue mit den Menschenrechten. Demokratische Politik erinnert die Bürger:innen regelmäßig an die Menschenrechte, an die Minderheiten, an die Ausgeschlossenen, an alles, was sich nicht in die bestehende Ordnung fügen lässt. Diese Politik der Menschenrechte ist »jenes Differential von Zivilität in der Politik, ohne dass der Aufstand für die Bürgerrechte ohnmächtig bleibt oder sich gegen sich selbst wendet.«[178] Damit ist die demokratische Politik, die Balibar einfordert, ebenso ein Gegengift gegen rechtspopulistische und -extreme Bewegungen wie gegen neoliberale Kräfte, die Privilegien verteidigen, anstatt für die Rechte der Marginalisierten zu kämpfen.

Den Fokus auf die Ausgeschlossenen zu richten bedeutet, in jeder politischen Situation zu fragen, wen diese am härtesten trifft und wer von ihr möglicherweise sogar existenziell bedroht ist. Hier muss Balibars Plädoyer für Gleichfreiheit durch den dritten revolutionären Wert der Solidarität ergänzt werden. Eine antirassistische Politik kann es nur radikal solidarisch geben. Sie ist auf Zuhören und Nachfragen aufgebaut und verhindert viktimisierenden Paternalismus und heroisierende Idealisierung gleichermaßen.

Voraussetzung dafür ist allerdings, dass die Ausgeschlossenen sich selbst das Recht nehmen, ihre Perspektive einzubringen.

Solidarische Bewegungen können die Ausgeschlossenen zwar unterstützen, ihnen die politische Arbeit aber nicht abnehmen.

Natürlich sind die Ausgeschlossenen nicht per se besser als die Ausschließenden, und ihre Aussagen sind weder wahrer noch gerechter. Der Vorteil der Perspektive der Ausgeschlossenen liegt vielmehr darin, dass sich die globalen Gewaltverhältnisse in ihr offener zeigen. »Die Berücksichtigung dieser Ausgeschlossenen ist eine Möglichkeit, sich mit der Realität der extremen Gewalt in der Geschichte der gegenwärtigen politischen Gesellschaften in ihrer Alltäglichkeit auseinanderzusetzen.«[179]

Das Volk der Demokratie droht beständig, Konflikte zu verdrängen, sich abzuschließen und zu immunisieren, gewaltvoll zu verhärten und bürokratische Hürden und militarisierte Grenzen zu errichten, um Teile der Bevölkerung auszuschließen und so Privilegien zu verteidigen. Radikaldemokratische Politiken müssen diesen Tendenzen ständig entgegenarbeiten. Da sie sich nur bedingt institutionalisieren lassen, müssen sie immer wieder neu erfunden und zivil erkämpft werden.

Die Demokratisierung der Demokratie,[180] für die Balibar plädiert, ist deshalb eine Demokratisierung der Grenzen und die Flüchtenden sind ihre zentralen politischen Figuren. Die Grenze der demokratischen Gesellschaft ist der entscheidende politische Ort, an dem Freiheit und Gleichheit immer wieder auf dem Spiel stehen und neu verhandelt werden. Grundsätzlich gilt: Es gibt keine Gleichfreiheit, solange ein Teil der Menschheit durch Grenzen ausgeschlossen bleibt, solange Rechte, Ressourcen, Macht und Gewalt auf massive Weise ungleich verteilt werden.

## Neuanfang an der Grenze

Laut Balibar muss jedes Gemeinwesen von seinen Grenzen her verstanden werden. Das gilt natürlich auch für Europa mit seiner Abgrenzung nach Süden und Osten. Mit einiger Weitsichtigkeit fragte er sich schon 1993, ob der neue eiserne Vorhang durchs südöstliche Mittelmeer laufen werde,[181] und provozierte mit Thesen von national-sozialen Staaten und einer Apartheid in Europa. Er beschrieb, wie sich eine neue Konjunktur des Rassismus mit kulturalistischen

Argumentationen und einem Mehrklassensystem herausbildet, in dem die Ausländer:innen zu Bürger:innen zweiter Klasse würden.

Europa konstituierte sich nicht nur durch seine wirtschaftsliberalen Grenzöffnungen, sondern auch durch die rassistischen, rechtspopulistischen und -extremen Flüchtlingspolitiken der 1990er Jahre. Binnenmarkt, Schengen und interne Grenzöffnungen gingen einher mit einem radikalen Umbau der Flüchtlingspolitik. Die Asyldebatte in Deutschland Anfang der 1990er Jahre und die rechtsterroristischen Angriffe und Morde, wie in Rostock-Lichtenhagen und Mölln, standen in einer Linie mit der Einschränkung des Bleiberechts und dem Erfolg rechtsradikaler Parteien, wie beispielsweise der Republikaner.

Zur Gegenfigur der Europäer:innen wurden die Flüchtenden der Jugoslawienkriege gemacht. Balkanisierung oder Europäisierung schien in dieser neuen Konjunktur des Rassismus die scheinbar einzige Alternative zu sein. Vor dem Hintergrund der Gründung der EU erfanden sich alte faschistische Parteien neu und deklarierten einen Rechtspopulismus für sich, mit dem sie sich von den Altnazis abgrenzten und auf Überfremdung, Flüchtlingspolitik, Globalisierungs- und EU-Kritik setzten. Die Gründung der EU ging einher mit rassistischen Anschlägen und Pogromen gegen Flüchtende. Ihren Institutionen und Plädoyers für Menschenrechte steht das Töten und Sterben-Lassen im Mittelmeer gegenüber.

Die Bürger:innenschaft in Europa mit ihrem Versprechen auf Gleichheit und Freiheit wird bis heute beständig durch die Gewalt an Europas Grenzen untergraben. An der Grenze entscheidet sich die Konstitution des Demos: Hier ist eine Demokratisierung ebenso möglich wie eine Faschisierung. Was an den Grenzen und Frontiers geschieht, ist kein politisches Randproblem. Die Gewalt an Europas Grenzen droht, sich jederzeit auszuweiten.

Die Proteste der Sans-Papiers bargen für Balibar hingegen die Möglichkeit eines europäischen Neuanfangs. In ihnen sah er die Blaupause für ein utopisches, demokratisches und soziales Europa, das nicht nur auf monetäre und wirtschaftliche Verwaltung und rassistischen Ausschluss, sondern auf aktive Teilhabe gegründet wäre. Die Utopie dieses Europas wird tagtäglich von den Seenotrettungs-NGOs gemeinsam mit den Flüchtenden vor dem Untergang gerettet.

Politiken der Menschenrechte mögen für Arendt wie ein innerer Widerspruch geklungen haben, mit Balibar rücken sie ins Zentrum der Politik. Im Gegensatz zu Arendts Befunden zur Zwischenkriegszeit ist heute nicht mehr jeder Bezug auf die Menschenrechte hilflos. Die Mischung aus Mitleid und Menschenrechten, die den Humanitarismus auszeichnen, mögen tendenziell entpolitisierend wirken. Doch wenn Fluchtgründe und Verantwortlichkeiten thematisiert werden, können auf Basis der Menschenrechte durchaus schlagkräftige Politiken entwickelt werden. Auch heute drohen humanitäre Hilfen zwar zu Wohltätigkeit zu verkümmern, die an den gewaltvollen Verhältnissen nichts ändern und letztlich nur das Leid zu verdrängen helfen.[182] Nichtsdestotrotz können humanitäre Aktionen auch politisch sein.[183]

Die Debatten um den Humanitarismus enden seit einigen Jahren immer wieder im Streit um die Seenotrettung.[184] Seitdem die EU ihre militärische Seenotrettung radikal eingeschränkt hat und das Militär und Milizen der südlichen Anrainerstaaten bezahlt, um die Flüchtenden abzufangen, hat sich im Mittelmeer ein breites Feld für humanitäre Einsätze geöffnet. Die Seenotrettung durch Aktivist:innen versucht, das Töten und Sterben-Lassen im Mittelmeer zu beenden und es gleichzeitig ins Licht der Öffentlichkeit zu rücken. Sie retten nicht nur Menschenleben, sondern sind auch politische Sonden. Die humanitären NGOs legen den Finger in die Wunde und zwingen zum Hinsehen. Selbstverständlich genügt es nicht, den medialen Kampf zwischen held:innenhaften Aktivist:innen und rechtsextremen Politiker:innen auszuspielen, und es gelingt den Aktivist:innen sicherlich nicht immer, Paternalismus und die Viktimisierung der Flüchtenden zu vermeiden. Bei aller berechtigter Kritik am Humanitarismus ist die Seenotrettung dennoch als bedeutsame Politik der Menschenrechte zu verstehen. Die Bootsmannschaften agieren nicht allein, sondern sind Teil transnationaler aktivistischer Netzwerke aus Flüchtenden, Forschenden, Aktivist:innen, Jurist:innen, Politiker:innen und vielen anderen. Diese zivilgesellschaftlichen transnationalen Netzwerke beschränken sich nicht darauf, die ärgsten politischen Grausamkeiten zu überdecken. Sie bringen sie vielmehr ans Licht und arbeiten gleichzeitig an Lösungen, die von der Seenotrettung bis hin zu progressiven Stadtpolitiken, aktivistischem Protest und juristischen Klagen reichen und schaffen dabei transnationale Öffentlichkeiten.

Im Streit um illegale Rückführungen von Flüchtenden im Mittelmeer sorgte beispielsweise 2012 der Fall Hirsi gegen Italien für Aufsehen. Ein Zusammenschluss von Rechtsanwält:innen und Aktivist:innen hatte mit einigen auf dem Meer illegal zurückgeschobenen Flüchtenden eine Klage vor dem Europäischen Gerichtshof für Menschenrechte gewonnen.[185] 2018 wurde dort ein weiterer Fall eingereicht, der sich auf einen tödlichen Einsatz der lybischen Küstenwache vom 6. November 2017 bezog, bei dem mindestens sieben Menschen ertranken und 150 illegal zurück nach Libyen deportiert wurden. Forensic Oceanography[186] hat dies von einem Schiff von Seawatch aus dokumentiert, und ein Netzwerk kritischer Anwält:innen hat die Klage formuliert. 2019 erhoben die Menschenrechtler Omer Shatz und Juan Branco zudem eine Klage am Internationalen Strafgerichtshof in Den Haag gegen hochrangige Verwaltungsbeamt:innen und Politiker:innen der EU, die diesen eine Mitschuld für die Zehntausende von Flüchtenden, die im Mittelmeer gestorben sind, gibt.

Ein Verbund aus inter- und transnationalen Institutionen[187] und Netzwerken ergänzt die nationale Ausrichtung von Recht und Politik. Auch wenn diese Netzwerke nicht sehr belastbar sind, leicht umgangen werden können und schlicht zu wenig Macht und Geld haben, deuten sie auf eine Form transnationaler Bürger:innenschaft hin, die auf einklag- und durchsetzbare Menschenrechte gegründet wäre. Die Politiken der Menschenrechte haben an den Grenzen der Demokratien Institutionen, Rechte und Aufmerksamkeit erkämpft. So umkämpft sie auch sein mögen, sie können nicht als wirkungslos abgetan werden.

## Ziviler Ungehorsam

Politiken der Menschenrechte aktualisieren die Revolution von 1789 auf immer neue Weise. Balibar setzt im Zuge der Dekolonialisierungs- und neuen sozialen Bewegungen auf kleinteiligere politische Handlungen. Die modernen Revolutionen und ihre Erklärungen bleiben zwar der Bezugspunkt seiner Idee von Politik, allerdings pluralisiert und veralltäglicht er die Revolution, ebenso wie viele andere postmoderne Denker:innen. Balibar folgt den zahllosen politischen Handlungen und Bewegungen, die die Grenzen zwischen dem Sozialen und Politischen, zwischen Mann und Frau, Schwarz und weiß, Mensch und Bürger:in, Gleichheit und Freiheit immer wieder neu zur Disposition stellen. Ähnlich wie Arendt leitet er aus der Idee der Revolution eine Idee widerständigen, aufständischen und ungehorsamen Handelns ab.

Aus dieser Ableitung ergibt sich die Form von Politik, die für eine Demokratisierung der Demokratie einsteht. Das revolutionäre Pathos des Marxismus wird pluralisiert zur Forderung nach vielfältigem Widerstand und Aufstand.

Zivile Politik im Sinne Balibars ist eine kämpferische Insurrektion gegen technokratische Verwaltung und erstarrte Hierarchien, gegen Rassismus und Ausbeutung. Die Grenzüberschreitung ist dabei wesentlich und meint das Übertreten von Staatengrenzen genauso wie die Unterbrechung von Abläufen und die Störung von Institutionen.

Wie Arendt[188] erklärt Balibar den zivilen Ungehorsam zu einer zentralen Form demokratischen Handelns.[189] Auch wenn er eher die Momente des Streits und der Konfrontation in den Vordergrund rückt und weniger den gemeinsamen Neubeginn wie Arendt, ist die Stoßrichtung dieselbe: Aus den potenziell gewaltsamen Großrevolutionen wird eine zivile Form radikaler Demokratie abgeleitet. Widerstand, Aufstand und Ungehorsam sind die politischen Handlungsoptionen, mit denen Bürger:innenschaft nicht als Eigentum oder Verwaltungsakt begriffen wird, sondern sich aktiv und zivil konstituiert. Die Grenzüberschreitung schafft die Mischung aus politischer Distanz und zivilem Handeln.[190]

Aber woher nehmen sich die Bürger:innen und die Zivilgesellschaft, die NGOs, Aktivist:innen und Flüchtenden das Recht, Gesetze zu brechen und Unruhe zu stiften? Balibars Antwort auf diese Frage folgt nicht den liberalen, konservativen oder ethischen Begründungen, die sich auf Gewissen, Religion, Moral, rationale Einsicht oder Zukunftsfolgen stützen. Vielmehr geht er davon aus, dass der Ungehorsam Brüche in Gesellschaften aufzeigt, die konstitutiv für sie sind, obwohl sie beständig unsichtbar gemacht, verleugnet und verdrängt werden. Ziviler Ungehorsam erzeugt die politischen Spaltungen nicht, er deckt sie auf und macht sie damit verhandelbar. Die Ungehorsamen können ihre Handlungen also durch die zentralen Brüche und inneren Widersprüche der Gesellschaften selbst begründen. Politiken der Flüchtenden und solidarische Bewegungen legen den Finger in die nicht ausheilende Wunde, die sich zwischen Menschen- und Bürger:innenrechten auftut. Indem Fluchtbewegungen die Menschenrechte neu ausdeuten und sich beispielsweise das Recht auf Bewegungsfreiheit nehmen, das durch die Menschenrechte zwar gedeckt, durch die bürgerlich-nationalen Rechte aber eingeschränkt ist, aktualisieren sie den Widerspruch zwischen Mensch und Bürger:in, konstituierter und konstituierender Macht und fordern Gleichfreiheit ein.

Mit Bezug auf die Flucht lassen sich Ungehorsam, Widerstand und Aufstand als Antworten auf die Gewalt der Vertreibungen durch Nationalismus und Kapitalismus und rassistische Flüchtlingspolitiken verstehen. Auch wenn die Ober- und Mittelschichten dies größtenteils aus ihrem Alltag verdrängt haben, zeigt sich an den Grenzen und Frontiers, dass Gewalt ein fundamentaler Bestandteil der globalen Infrastrukturen und Ordnungen ist. Widerstand, Aufstand und Ungehorsam sind angemessene Antworten auf diese institutionalisierte Gewalt. Der zivile Ungehorsam der Flüchtenden und der solidarischen Bewegungen fordert Gleichfreiheit auf einer Ebene ein, die in den nationalen Öffentlichkeiten zumeist verschwiegen oder entpolitisiert wird. Ziviler Ungehorsam ist für Balibar daher »wesentlicher Bestandteil der Staatsbürgerschaft«.[191] Der dadurch ausgelöste Streit ist von entscheidender Bedeutung für demokratische Prozesse.

Nicht nur für die Flüchtenden selbst, auch für ihre Unterstützer:innen ist der zivile Ungehorsam ein bedeutsames Mittel. Die Verweigerung von Denunziationen, das Stoppen von Abschiebungen an Flughäfen und in Gemeinden, Kirchen und Schulen sowie die Fluchthilfe über Grenzen hinweg haben in den letzten Jahren entscheidende politische und rechtliche Kämpfe in die Öffentlichkeit der Parteienpolitik, des Rechtssystems und der Medien getragen.

Die Proteste der Sans-Papiers und ihrer Unterstützer:innen nutzen seit den 1990er Jahren das Repertoire von Protestbewegungen, um die Grenzen der Demokratie zu verschieben: Demonstrationen, Streiks, Besetzungen, Petitionen, Erklärungen, Märsche und Camps. Die Proteste der Refugees richten sich gegen die Lager und werden als Widerstand gegen die Einschränkung der Bewegungsfreiheit organisiert. Die Märsche und Kirchenbesetzungen, die Protestcamps und Kongresse, die von den Bewegungen der Flüchtenden durchgeführt werden, sind als öffentlich inszenierte Verstöße gegen die Einschränkung der Bewegungsfreiheit und damit als ziviler Ungehorsam zu verstehen. Aus den Lagern an der erzwungenen Peripherie führen ihre Märsche und Protestaktionen in die Zentren der großen Städte, um dort mit Besetzungen einen Platz in der Gesellschaft zu erstreiten. Fluchtbewegungen werden so immer wieder sehr effektiv reinszeniert. Beispiele wären der »Refugee Protest March« von 2014 nach Brüssel oder die »tent actions«, aus denen 2012 ein Marsch von Würzburg nach München und Berlin hervorging, der schließlich zu Platzbesetzungen in ganz Europa führte. In Niederösterreich zogen Flüchtende im selben Jahr beispielsweise vom Lager in Traiskirchen in die Innenstadt von Wien, besetzten einen Park und später eine Kirche. Diese widerständigen Handlungen haben rassistische Gewalt und den Entzug von Rechten immer wieder in den Mittelpunkt der Fluchtdebatten gerückt und die nationalen, inter- und transnationalen Politiken der letzten dreißig Jahre dabei ebenso entscheidend geprägt wie rassistische Flüchtlingspolitiken.

## Revolution oder Integration?

Die Kämpfe der Flüchtenden um Teilhabe und Rechte dürfen allerdings nicht vorschnell als gelungene Integration in die bestehenden Gesellschaften verstanden werden. Indem sie das Recht auf Bewegungsfreiheit einfordern, stellen die Flüchtenden die Staatsbürger:innenschaft selbst in Frage. Sie zielen auf grundsätzliche gesellschaftliche Transformationen. Der vom Philosophen Jacques Rancière geprägte Begriff des Unvernehmens kann die Radikalität der Proteste der Flüchtenden adäquat fassen. Politik zeichnet sich für Rancière durch eine Logik des Unvernehmens aus, das sich nicht einfach durch das Verwenden anderer Formulierungen lösen lässt. Vielmehr fußen Situationen des Unvernehmens auf so verschiedenen Lebenswelten, dass sie sich nicht in gemeinsames Handeln überführen lassen, sondern die streitenden Subjekte und damit der Demos selbst neu bestimmen. Es kann folglich in den Politiken der Flüchtenden nicht allein darum gehen, sie zu Staatsbürger:innen zu machen und die bestehenden Rechte und Lebensformen Europas eins zu eins auf sie zu übertragen. Demokratische Politik erschöpft sich nicht in der liberalen Integration der ausgeschlossenen Minderheiten in den Rechtsstaat und das Wirtschaftssystem. Politik in Rancières Sinn findet erst dann statt, wenn Weltverhältnisse aufeinanderprallen,[192] denn: »Die Politik ist nicht aus Machtverhältnissen, sie ist aus Weltverhältnissen gemacht.«[193]

Politiken der Flüchtenden in diesem radikalen Sinn finden also nicht statt, wenn Staaten verhandeln, wer wie viele Flüchtende aufnimmt und wie die Grenzen bewacht werden sollen. Sie lassen sich ebenso wenig humanitär durch Mitleid auflösen. Es geht bei Politiken der Flucht ums Ganze, denn sie stellen europäische Identitäten und Weltbilder in Frage. Politik in diesem radikaldemokratischen Sinn ist deshalb eine zutiefst verunsichernde Erfahrung, denn es gibt keinen neutralen Grund im politischen Dissens. Findet Politik statt, werden alle Standpunkte zur Disposition gestellt und müssen neu verhandelt werden. Demokratische Politiken verflüssigen den scheinbar festen Boden. Die Politiken der Flüchtenden erschaffen in »polemischen Szenen«[194] ein neues politisches Subjekt und stellen damit die bestehende Ordnung grundsätzlich in Frage. Politiken der Flüchtenden hebeln das Selbstverständnis der Staatlinge aus und zeigen die Schwachstellen der großen Ideologien Liberalismus, Sozialismus, Nationalismus ebenso schonungslos auf wie die Gewalt der Grenzen und Frontiers.

Wissenschaft und Verwaltung können die Frage der Flucht deshalb nicht objektiv oder technokratisch lösen. Es genügt nicht, die richtigen Fakten zur Flucht zu sammeln, Verschwörungserzählungen zu entzaubern und falsche Annahmen, wovon es in Bezug auf Flucht und Migration sehr viele gibt, richtigzustellen.

Den Fluchtdiskurs zu entradikalisieren und ihn vernünftig gestalten zu wollen, ist nicht möglich. Fluchtbewegungen sind für die Europäer:innen ein Triggerpunkt, politischer Streit ist deshalb unvermeidbar. Der einzige demokratische Weg durch diesen Streit führt über die Auseinandersetzung mit der Perspektive, die Refugees, Sans-Papiers und Non-Citizens einbringen. Ihre Proteste könnten wie Minirevolutionen die europäischen Staaten mit ihren Grenzen und Bürger:innenschaften immer wieder neu konstituieren.

Aber die Widerständigkeit von Fluchtbewegungen erschöpft sich nicht in diesen öffentlichen Protesten und Kämpfen um Anerkennung, Rechte und Teilhabe. Auch die Fluchtbewegungen selbst lassen sich als politische Bewegungen verstehen.

## Flucht als Exodus

Am 4. September 2015 brachen mehrere hundert Flüchtende im sogenannten »Marsch der Hoffnung« vom Bahnhof in Budapest auf und liefen zu Fuß in Richtung österreichische Grenze.[195] Es war der Höhepunkt der Fluchtbewegungen von 2015.[196] Hunderttausende Flüchtende hatten sich auf der Balkanroute auf den Weg gemacht und ließen sich auch von den zunehmenden Grenzschließungen nicht aufhalten. So hatten einige von ihnen am 22. und 23. August in Idomeni die Grenze zwischen Griechenland und Mazedonien durchbrochen.

Der »Marsch der Hoffnung« war kein strategisch geplanter Protestzug, sondern direkte Konsequenz davon, dass Ungarn die Grenzen geschlossen hatte und keine Züge Richtung Deutschland mehr fahren ließ. Die Flüchtenden, die nun am Bahnhof Keleti in Budapest festsaßen, organisierten sich spontan und nahmen den direkten Weg über die Autobahn. Dort marschierten sie in einem bunten Pulk und unterstützten die Kinder, Kranken und Schwachen. Einige sangen und musizierten. Eine Europafahne wurde geschwenkt. Die Bürger:innen in ihren Autos trafen auf die Flüchtenden, die teils barfuß über den Asphalt liefen. Kamerateams und Journalist:innen gingen mit, und der Marsch wurde teils live gestreamt.

Auch wenn hinter diesem Marsch keine Organisation stand, wurde aus der spontanen Idee trotzdem schnell eine kleine politische Bewegung. Am Ende schickte die ungarische Regierung Busse und fuhr die Flüchtenden an die österreichische Grenze, von wo aus sie weiterreisen konnten. Die geschichtsträchtige Grenze zwischen Österreich und Ungarn wurde einmal mehr durch eine Massenbewegung von Flüchtenden geöffnet. Tausende Flüchtende überquerten in den nächsten Tagen die Grenzen zwischen Serbien, Ungarn, Österreich und Deutschland. Sie wurden vielerorts von Unterstützer:innen abgeholt und weitergebracht sowie an den Bahnhöfen empfangen und versorgt.

## Der Exodus als Revolution

Es ist kein Zufall, dass der »Marsch der Hoffnung« zu einem politischen Wendepunkt der Bewegung der Flüchtenden von 2015 wurde. Neben die Bilder der Not und des Humanitarismus traten nun Bilder des Auf- und Ausbruchs, des langen Marsches und der Grenzüberschreitung. Diese Bilder der Flucht riefen einen alten und wirkmächtigen politischen Mythos auf: den Exodus der Israelit:innen aus Ägypten. Der Exodus gilt als das »Paradigma revolutionärer Politik«.[197] Die Revolution wird als Aus- und Aufbruch, als kollektiver Marsch und als Neuanfang imaginiert. Zu ihrer Metaphorik gehört das Kettensprengen, der Auszug aus den Herrschaftsverhältnissen, aus der Sklaverei und der Unterdrückung, aber ebenso aus der Stadt, der Fabrik, dem Gefängnis, der Psychiatrie, dem Parlament, der Schule oder Universität. Das Grenzen sprengende Ausbrechen ist die politische Geste der modernen Revolution. Ihr ereignishafter Ausbruch und ihr Bruch mit dem Bestehenden sollen die Herrschaftsstrukturen von Staaten und Institutionen aufweichen und so den politischen Raum für Gleichheit, Freiheit und Solidarität schaffen.[198]

Die revolutionäre Geschichte der politischen Moderne löst mythologische Vorstellungen von einer ewigen Wiederkehr und einer von Gott gegebenen Ordnung ab.[199] Der Begriff Revolution vollzieht etymologisch diesen Wandel mit: Bezeichnete er noch in der Frühen Neuzeit eine Wiederholung, beispielsweise die Revolution der Monde um die Planeten, wird er mit den modernen Revolutionen zum Inbegriff des Neubeginns und Umsturzes.[200] Im Sinne des Exodus wird Politik nicht mehr als Kreisbewegung der sich immer wieder ablösenden Regierungsformen oder als sich mit jeder Generation wiederholende Herrschaft eines adligen Geschlechts gedacht, sondern als Vorwärtsbewegung imaginiert.

Auf den Ausbruch folgt deshalb der Marsch, sei es als Sturm auf die Paläste, als Demonstration durch die Straßen oder als langer Marsch durch die Institutionen. Der gefährliche Marsch der Israelit:innen durch die Wüste und ihr radikaler Bruch mit dem Leben unter ägyptischer Herrschaft bieten das Vorbild dafür. In der Exodusgeschichte endet der Marsch durch die Wüste an der Grenze zum verheißenen Land mit dem neuen Bund am Berg Sinai. Dieser Bund steht für die politische Neugründung und liefert damit eine ideelle Grundlage sowohl für neuzeitliche Vertragstheorien als auch für die moderne Erklärung von Verfassungen. »Unterdrückung, Befreiung, Gesellschaftsvertrag, politischer Kampf, neue Gesellschaft« – so fasst der politische Philosoph Michael Walzer den revolutionären Prozess zusammen, dessen erste Beschreibung er in der Exodusgeschichte findet.[201] Die Neugründung ist dabei entscheidend, denn nur wenn er eine neue Ordnung etablieren kann, kann er den Bruch institutionalisieren. Jeder Revolution drohen schließlich die Konterrevolution und die Restauration der alten Ordnung.

Jeder Marsch und jede politische Neugründung können revolutionär und damit als fundamentaler Angriff auf die geltende Ordnung verstanden werden. Selbst Fragmente der Exodus-Ikonografie können die ganze revolutionäre Vorstellungswelt aufrufen. Jeder politische Marsch könnte eine Massenbewegung werden, und jeden Ausbruch aus den Institutionen umweht ein Hauch von Freiheit, der sich, wie der chaostheoretische Flügelschlag eines Schmetterlings, zu einem gewaltigen Sturm auswachsen könnte.

Fluchtbewegungen lassen sich durchaus als revolutionärer Exodus verstehen. Der Ausbruch aus unterdrückerischen Regimen, aus Not und Gewalt, aus Lagern und Ghettos, die Märsche durch Wüsten, über Gebirge, Straßen und Grenzen, die Bootsfahrten, die Besetzung von Plätzen und Kirchen: All diese ikonografischen Bilder der Flucht können unmittelbar revolutionär interpretiert werden.

Die Politik, die sich im Akt der Flucht verkörpert, lässt sich mit Hilfe von Theorien des Exodus nachvollziehen. Diese setzen an der Engführung von Exodus und Revolution an und entwickeln aus der Idee des Auszuges, des Marsches durch die Wüste und der Neugründung ein eigenes Verständnis von Politik.

In Theorien des Exodus radikalisiert sich das Verständnis von Politiken der Flucht: Ließen sich die oben beschriebenen radikaldemokratischen Kämpfe als widerständige Verhandlungen mit den staatlichen Institutionen begreifen, setzt der Exodus weniger auf eine schrittweise Transformation dieser Institutionen, sondern auf den Auszug aus Staat und Arbeitszwang. In der Flucht liegt demnach ein utopisches und revolutionäres Versprechen: Wie sich die halbnomadische, egalitäre Bäuer:innengesellschaft der Israelit:innen aus dem ägyptischen Herrschaftssystem befreite, um sich anarchisch selbst zu regieren, so könnten Fluchtbewegungen aus den gewaltvollen modernen Großstrukturen von Staat und Kapital hinausführen in eine Welt, in der niemand mehr vertrieben werden würde, in der sich alle frei bewegen könnten und in der die Versprechen von Gleichheit, Freiheit und Solidarität nicht nur für die globalen Mittel- und Oberschichten, sondern für alle gelten würden.

Es ist wenig erstaunlich, dass es historisch vor allem die Marginalisierten und Unterdrückten, Enteigneten und Eingesperrten, Ausgebeuteten und Vertriebenen waren, die die Flucht in diesem revolutionären Sinn verstanden. Der Schwarze Historiker Robin D. G. Kelley hat dem Exodus in seinem Überblicksessay zur Black Radical Tradition ein Kapitel gewidmet. Er konzipiert die Flucht als politische Handlung und verschränkt sie mit dem revolutionären Neuanfang: »Die Exodusgeschichte stattete Schwarze Menschen mit einer Sprache aus, die es erlaubte, Amerikas rassistischen Staat zu kritisieren und eine neue Nation aufzubauen, denn ihr zentrales Thema war nicht einfach nur Flucht sondern ein Neubeginn.«[202] Im Anschluss an die Maroon-Communitys und die haitianische Revolution versuchten viele aus der Sklaverei geflüchtete Schwarze, neue Gemeinwesen zu gründen. Die massenhafte Flucht der Schwarzen aus Versklavung und Ausbeutung wurde als radikaler Auszug aus der Unterdrückung durch Kapital und Staat verstanden. Die Exodusgeschichte inspirierte Befreiungstheologien und die abolitionistische Bewegung: Harriet Tubman, die Schwarze Aktivistin der Underground Railroad, die nach ihrer Befreiung aus der Sklaverei über siebzig weiteren Sklav:innen zur Flucht verhalf, wurde nicht ohne Grund Moses genannt.[203] Der jamaikanische Aktivist Marcus Garvey gründete in den 1910er und 1920er Jahren in den USA radikale Bewegungen, die den Auszug der Schwarzen aus den Amerikas und die Neugründung eines Staates in Liberia versprachen. Die Ideen des »Schwarzen Moses« vom Auszug aus den rassistischen amerikanischen Staaten wurden in den 1930er Jahren von der Rastafari-Bewegung ebenso aufgegriffen wie später von Malcolm X.

Exoduserzählungen beschränken sich aber nicht auf den Auszug aus der Sklaverei in den Amerikas. Sie wurden in vielfältigen, oft christlich, jüdisch oder islamisch geprägten Bewegungen aufgegriffen. In Europa begleiten sie Revolutionen und häretische Bewegungen seit der Frühen Neuzeit. Sie inspirierten den Zionismus der Hagana und die Staatsgründung Israels. Sie wurden im italienischen Postoperaismus von den autonomen Arbeiter:innenbewegungen neu erzählt, die sich aus dem Korsett marxistischer Kaderorganisationen befreit hatten. Und sie inspirierten den Auszug der Frauen aus der Unterdrückung des Patriarchats in verschiedenen feministischen Bewegungen.

Europäische und amerikanische Exoduserzählungen verwoben sich dabei. Schon in der Frühen Neuzeit erfüllten sich Angehörige der englischen Unterschicht den gefährlichen Traum, Pirat zu werden.[204] Die abolitionistische Bewegung kämpfte später für einen Auszug aus der Sklaverei und organisierte sich sowohl in den (ehemaligen) Kolonien als auch in den Mutterländern in Europa. George Jacksons Gefängnisbriefe[205] und seine spektakulären Fluchten inspirierten im Zuge der 1968er-Bewegungen den Philosophen Gilles Deleuze.[206] Dessen Konzepte von Flucht als politischer Handlung wurden von Antonio Negri weitergeführt, der selbst aus Italien geflüchtet war und in Paris mit ihm und

Félix Guattari zusammenarbeitete. Und auch Jacksons Freundin Angela Davis führt ihr Kampf gegen Gefängnisse bis heute immer wieder nach Europa, wo sie antirassistische Bewegungen inspiriert.[207] So verschränkten sich abolitionistische Bewegungen aus den Amerikas im Zuge der »Black Lives Matter«-Proteste auch noch einmal intensiver mit den Protesten gegen die Gewalt der europäischen Grenzen.[208]

Zunächst aber stellen sich Fragen, ob und wenn ja, wie aus dem Mythos vom Exodus eine belastbare politische Theorie abgeleitet werden kann. Die verschiedenen vom Mythos inspirierten Bewegungen und Revolutionen spiegeln sich zwar alle im Auszug der Israelit:innen, doch lassen sie sich in ihrer Vielfalt und Widersprüchlichkeit unter eine Theorie subsumieren? Ließe sich eine Theorie des Exodus destillieren, mit der Fluchtbewegungen als autonome Bewegungen verstanden werden könnten? Oder handelt es sich bei den verschiedenen Versuchen eines revolutionären Ausbruchs aus Staat und Kapitalismus eher um lose zusammenhängende, verzweifelt-romantische Träumereien von einer herrschafts- und gewaltfreien Welt?

## Im Anfang war der Exodus

Einige Postoperaist:innen haben ausgehend von den italienischen Arbeiter:innen- und Studierendenbewegungen der 1970er Jahre an einer Theorie des Exodus geschrieben. Im Gegensatz zu Arendt und Balibar, die die klassische Moderne ins Zentrum ihres Nachdenkens über Politik rückten, klammern die europäischen Exodustheorien des Postoperaismus diese zunächst aus.[209] Anstatt über die Amerikanische und Französische Revolution, über Nationalstaaten, Rassismus, Imperialismus, Faschismus, Sozialismus und Liberalismus, Industrialisierung, Bürokratie und Massengesellschaften zu diskutieren, gehen sie vor die modernen Erzählungen von Revolution und Nationalstaat zurück und setzen bei den neuzeitlichen Fluchtbewegungen der Vagabund:innen an.

In ihren Interpretationen der Arbeiter:innen- und Frauengeschichte tauchen diese mobilen Massen aber nicht, wie in den politischen Theorien des 17. Jahrhunderts von Thomas Hobbes oder John Locke, als gewaltbereiter und irrationaler Mob auf, der kontrolliert und diszipliniert werden müsste. Sie erscheinen stattdessen als lose Menge diverser Menschen, die aufgrund der Enteignungen des Frühkapitalismus flüchteten: Vagabund:innen, Pauperisierte, Pilger:innen, Künstler:innen, Abenteuerlustige, Kolonialisator:innen, Pirat:innen, Religionsflüchtlinge, Sklav:innen, Seeleute und Zwangsarbeiter:innen und viele mehr werden zur Multitude zusammengefasst, einer vielgestaltigen Menge der mobilen Unterschichten.

Die postoperaistischen Exodustheorien berufen sich dabei auf Theorien der fortgesetzten ursprünglichen Akkumulation, wenden sie aber entscheidend. Sie befreien die Flüchtenden aus ihrer Opferrolle und rücken sie ins Zentrum der kapitalistischen Entwicklung: Im Anfang war der Exodus. Die Geschichten der Vertreibung von Arendt und Marx werden von diesen Exodustheorien vom Kopf auf die Füße gestellt. Die Geschichte soll nun mit der Flucht beginnen. Flucht wird als Aufbruch- und Ausbruch, als schöpferische Handlung und als Neugründung verstanden. Nicht das Kapital, sondern die Füße der Arbeiter:innen trieben demnach die Geschichte des Kapitalismus voran. Die migrantische Menge verließ nach dem Mittelalter die Zwänge feudaler Verhältnisse und traditioneller Hierarchien, wählte den Exodus aus Zünften und Religionsgemeinschaften, aus Armeen und Kasernen, aus Gefängnissen und Fabriken, floh aus miserablen Arbeitsbedingungen, aus Feudalismus, Sklaverei und Ausbeutung.

»Die Bewegung der Migration geht den Bewegungen des Kapitals und der staatlichen Regulierung voraus«, schreibt der Ökonom Yann Moulier-Boutang.[210] Erst als Reaktion auf den Auszug der Unterschichten aus Gewalt, Ausbeutung und Unterdrückung seien Grenzen, Gefängnisse, Disziplin, Kontrolle, Strafe und Gewalt institutionalisiert worden. Der moderne Staat und der Kapitalismus seien nur entwickelt worden, weil sich die feudalen Unterschichten nicht mehr unterdrücken ließen. Seither habe die fortgesetzte Flucht der Unterschichten die globalen kapitalistischen Institutionen und den Nationalstaat vor sich hergetrieben. Die Herausbildung der modernen Institutionen und Staaten sei die Konterrevolution, mit der die Oberschichten in immer perfideren Systemen versucht hätten, die Flüchtenden weiterhin einzusperren und auszubeuten. Die Flucht der Arbeiter:innen aus der Ausbeutung fordere den Kapitalismus entscheidend heraus und würde seine ständigen Krisen und Veränderungen erklären. Gewaltvolle Grenzen seien demnach als Reaktionen des Kapitals auf die autonome Mobilität der Migrant:innen zu verstehen.

Die Flucht der Unterschichten nach den Pestepidemien des 14. Jahrhunderts in Europa und die Versuche der feudalen Macht, Arbeitskräfte an ihr Territorium zu binden, werden damit zum Ausgangspunkt der Geschichte. Der Aufbruch der Unterschichten aus Europa sowie der Maroons, Pirat:innen und indigenen Gemeinschaften habe den Kolonialismus und Merkantilismus geprägt. Die Industrialisierung mit ihrer Ersetzung von menschlicher Arbeitskraft durch Maschinen könne als Antwort auf die Flucht der Arbeitskräfte aus Manufakturen, Zünften und Unterdrückung gedeutet werden. Der Ausbruch aus den Fabriken habe später den Manchesterkapitalismus gezwungen, sich in den Fordismus zu verwandeln, und damit den Aufstieg der Mittelschichten ermöglicht. Der Übergang vom Fordismus zum Neoliberalismus wiederum lasse sich im Anschluss als eine Flucht der Frauen aus der Hausarbeit, der Männer aus der fordistischen Arbeitsteilung und der unterdrückten Menschen aus den ehemaligen Kolonien interpretieren.

Die Vereinigung dieser verschiedenen Bewegungen wurde im Postoperaismus als Multitude, als Menge der Vielen, konzeptualisiert. Die autonomen Fluchtgemeinschaften der Frühen Neuzeit wurden mit den autonomen Bewegungen des Postfordismus und der globalisierungskritischen Bewegung der 1990er Jahre kurzgeschlossen. Im Zuge der globalisierungskritischen Proteste zum Jahrtausendwechsel wurde diese Multitude zunehmend in eine heilsgeschichtliche Rolle gedrängt: Sie sollte den Kapitalismus von innen heraus zersprengen und die globalen Hierarchien einebnen.[211] Queer-feministische, antirassistische, dekoloniale und ökologische Bewegungen sollten in der Multitude eine bewegte mobile Masse formen, aus der Arbeit ebenso wie aus Geschlechterrollen und rassistischen Hierarchien fliehen und den Neoliberalismus von innen heraus zum Einsturz bringen.

Der Auszug der Multitude aus Kapitalismus und Nationalstaat könnte dann in eine Welt der Commons, der Gemeingüter, zurückführen,[212] in der die Widersprüche zwischen Kopf und Hand, arm und reich, Norden und Süden, Schwarz und weiß, Mann und Frau, jung und alt, oben und unten überwunden seien. Von den Fluchtbewegungen über Kapitalismus und Nationalstaat hinausgetrieben würde der Kapitalismus am Ende doch noch zu einem utopischen Ende finden. Der Kommunismus, den das Proletariat nie erreicht habe, würde durch die Mobilität der Migrant:innen auf transnationale Weise in Gesellschaften der Gemeingüter Wirklichkeit. Die beiden Propheten der globalisierungskritischen Bewegung, Michael Hardt und Antonio Negri, überhöhten Fluchtbewegungen dafür ironisch als »eine neue Horde von Nomaden, eine neue Rasse von Barbaren«,[213] die Nationalstaaten und Kapitalismus überrennen würden und in »einer Art säkularem Pfingstfest«[214] eine neue Weltordnung der Gemeingüter und der Mobilität gründeten. »Ein Gespenst geht um in der Welt, und sein Name ist Migration.«[215]

## Der Kapitalismus, eine Heilsgeschichte?

Den Widerstand zur treibenden Kraft der Geschichte umzudeuten liefert ein wichtiges Korrektiv zur Gewaltgeschichte von Staat und Kapital. Wissenschaftlich stehen die Thesen von Negri und Hardt allerdings auf tönernen Füßen.[216] Die Gegengeschichte vom Primat der Flucht besitzt eher anekdotische Evidenz. Zudem erforderte es schon in Hochzeiten der globalisierungskritischen Bewegung einiges an Wohlwollen, um den Exodustheorien bis zu ihren großen Thesen vom nahenden Ende des Kapitalismus und dem Auszug der mobilen Massen in die Welt der Gemeingüter zu folgen. Auch wenn sich heute um die Themen von Klima, Geschlecht, Migration und Antirassismus wieder transnationale Bewegungen formiert haben, sieht es nicht so aus, als würde eine globale Multitude den Kapitalismus in naher Zukunft von innen sprengen und die kolonialen Mutterländer überrennen. Die postoperaistischen Kapitalismustheorien sind im besten Fall mutig, im schlechtesten vermessen. Die Geschichte des Kapitalismus wird in den postoperaistischen Erzählungen eurozentrisch und linear gedacht: »Flucht aus feudaler Immobilität – mobile

Vagabund:innen – Disziplin – Lohnarbeit – Flucht aus der Lohnarbeit.«[217] Doch der Kapitalismus verlief in großen Teilen der Welt nicht nach dem europäischen Muster.

Es ist trotzdem nicht nur die Schwäche, sondern auch eine Stärke von autonomen Exodustheorien, dass sie sich mehr Universalisierung als poststrukturelle Differenztheorien[218] zugestehen. Auch wenn es unmöglich ist, »den Kapitalismus« zu denken und all die Widerstände gegen Umweltzerstörung, Sexismus, Rassismus und Klassismus zu einer Multitude zusammenzuführen, wäre es aus aktivistischer Perspektive fahrlässig, es nicht wenigstens zu versuchen.

Negris und Hardts Thesen können am besten als provokante Zuspitzungen mit einem ironischen Augenzwinkern gelesen werden. Dann liefern sie ein entscheidendes Korrektiv zu idealisierten Nationalgeschichten ebenso wie zur kritischen Gewaltgeschichte.

### Virno und die schöpferische Kraft der Flucht

Weniger heilsgeschichtlich hat der Philosoph Paolo Virno den Exodus gefasst. Bei ihm bringt die Geschichte nicht unweigerlich den »commonistischen« Siegeszug der mobilen Menge. Der Ausgang politischer Kämpfe bleibt vielmehr offen. Dementsprechend arbeitete er an einem kleinteiligen Verständnis autonomer Exoduspolitiken, die von Streik und Desertation über die Einrichtung von Räten bis hin zu widerständigen Alltagspraxen reichen. Virno fasste den Exodus als eine kreative, schöpferische Handlung,[219] deren Blaupause im biblischen Mythos zu finden ist: Anstatt gegen die Übermacht der Armee des Pharaos zu rebellieren und unweigerlich zu verlieren, bogen die Israelit:innen unerwartet auf einen gefährlichen Weg durch das Meer und die Wüste ab und zogen in ein anderes Land. Somit veränderten sie die Rahmenbedingungen der Auseinandersetzungen und vernichteten sogar die Armee des Pharaos. Der Exodus verschiebt das Feld der Kämpfe und damit die ganze Problemlage.[220] Für Virno sind Exoduspolitiken deshalb unerwartete Finten, die einen überraschenden Ausweg aus einer verfahrenen Situation öffnen.

All die Flüchtlingspolitiken und Strukturen der Vertreibung, Ausbeutung und Kontrolle bestimmen das Leben der Flüchtenden demnach nie vollständig, es bleiben immer Wege offen. Auch Bertolt Brecht und Hannah Arendt haben auf die Fähigkeiten der Flüchtenden verwiesen, den Humor zu behalten, über dem Abgrund zu tanzen, schwebend Halt zu finden inmitten der Gewalt. In diesem Sinn ist der Exodus eine tänzerische Lebensphilosophie, die selbst auf größte Schrecken mit spielerischer Leichtigkeit reagieren kann. Virno sieht in dieser gewitzten Verschiebung der Rahmenbedingungen eine »Strategie der Flucht«,[221] die auf eine Neugründung außerhalb des Staatsapparats und der Institutionen der Disziplin und Kontrolle abzielt.

Aber auch Virno schießt über das Ziel hinaus, indem er die Gefahren des Exodus und die Schrecken der Vertreibung unterschlägt: Der Tanz der Flüchtenden ist ein Tanz auf glühenden Kohlen. Der Weg durch die Wüste verläuft für viele tödlich. Die Leichtigkeit der Flüchtenden ist die Leichtigkeit des freien Falls. Der Humor der Flucht ist ein schwarzer, beißender Humor, und ihre Witze sind bitter und ironisch: In Brechts Flüchtlingsgesprächen werden die beiden Protagonisten in Finnland Kammerjäger und vernichten Ungeziefer. Hannah Arendt musste beim Lesen der Verhörprotokolle von Adolf Eichmann laut lachen.[222] Exoduspolitiken zeichnen sich nur deshalb durch ihre »unbefangene Erfindung«[223] aus, weil diese oft der letzte Ausweg ist, um nicht verrückt zu werden, um nicht aufzugeben und Selbstmord zu begehen.[224] Die »Strategie der Flucht«[225] mag spielerisch und kreativ sein, sie ist aber zugleich ein ungesicherter Seiltanz. Diese abgründige Seite der Flucht taucht in Virnos Schriften kaum auf und wird durch Anrufungen der Kreativität überschrieben.

Aktualisiert wurden diese postoperaistischen Ansätze von einer Gruppe von Wissenschaftler:innen und Aktivist:innen in Australien, Europa und Nordamerika, die ab der Jahrtausendwende die These von der Autonomie der Migration entwickelte.[226] Sie intervenierten damit in die Diskurse zu Grenzen, Rassismus, Migration und Flucht und stellten sich einerseits gegen die Viktimisierung von Flüchtenden, andererseits gegen ein verengtes Bild des politischen Flüchtlings.

Die Kernaussage der Autonomie der Migration steckt in ihrem Namen: Migrationsbewegungen sind autonom.[227] Sie sind exzessiv und nie vollständig kontrollierbar. Migration wird als ein Überschuss verstanden, der nicht allein durch die soziale Ordnung, durch Grenzen, Vertreibungen, Staat und Kapitalismus geregelt werden kann. Im Sinne Virnos wollte diese Theorieintervention die Fluchtdebatte grundsätzlich verändern und neu perspektivieren. Die Flucht wird als eine Bewegung konzipiert, die aus sich heraus und selbstbestimmt einen Neuanfang sucht. Autonomie bedeutet allerdings keine grenzenlose Freiheit. Die Flucht kann ein Ausbruch aus Unterdrückung und Ausbeutung sein, aber dennoch in neue Herrschafts- und Machtverhältnisse führen.[228]

Der oft zu Viktimisierungen führende Begriff der Flucht wurde durch den Begriff der Migration ersetzt. Er sollte die Debatten um Staat und Asyl hin zu Debatten um Kapitalismus und Arbeit verschieben.[229] Das Konzept der Autonomie der Migration zeigte auf, wie sehr die Debatten um das Asylrecht, das nach dem Ende der Gastarbeiter:innenabkommen das Nadelöhr in Europa geworden war, an den tatsächlichen Fluchtbewegungen vorbeigingen. In Abgrenzung von humanitären und asylpolitischen Forderungen sollte der Fokus auf Migration den Blick auf die Ökonomie wieder politisieren und stärker ins Zentrum der Diskussionen rücken. Anstatt die Flüchtenden als Opfer von Ausbeutung und Nationalstaaten zu viktimisieren und von einer »Festung Europa« zu sprechen, wurden Migrationsbewegungen in ihren alltäglichen Praxen sichtbar gemacht und die Migrant:innen als handelnde Subjekte und als »Kosmopolit:innen von unten«[230] verstanden. Widerstand, Subversion und Revolte der Migrant:innen und die für die Öffentlichkeit oft überraschende Dynamik von Fluchtbewegungen ließen sich so konzeptionell fassen.

Das Autonomiekonzept der Migration hatte den Vorteil, an den Aktivismus und die Debatten der postmigrantischen Gesellschaft anschließen zu können. Bezeichnenderweise waren ihre zentralen Theoretiker:innen in Deutschland, wie Vassilis Tsianos, Manuela Bojadžijev und Serhat Karakayalı, im antirassistischen, postmigrantischen Netzwerk Kanak Attak organisiert.[231]

Die Fluchtbewegungen von 2015 bekräftigten die zentrale These von der Autonomie der Migration. Die kapitalismuskritische Seite des Konzepts wurde aber nur von wenigen aufgegriffen. Was in Politik und Öffentlichkeit weiterhin verkannt wird, ist die Tatsache, dass sich Migration nur aus der Perspektive der Migrant:innen selbst angemessen beschreiben lässt. Subjektive Fluchtgeschichten dekonstruieren die Bilder von Opfern und Verbrecher:innen und betonen die Handlungsfähigkeit der Flüchtenden. All die Zwänge und die Gewalt der Flüchtlingspolitiken, der Rassismus der Bürokratie und die Grausamkeit der Grenzen müssen daher mit den Gegengeschichten der Flüchtenden konfrontiert werden. Schließlich erschöpft sich das menschliche Leben nicht in abstrakten Strukturen und Herrschaftsmechanismen. An die Stelle des scheinbar objektiven wissenschaftlichen Blicks von außen setzt die Autonomie der Migration deshalb, inspiriert von ethnografischen und operaistischen Methoden und politisiert von migrantischen Kämpfen, die Perspektiven der Migrant:innen. Die europäischen Außengrenzen, die davor lange im Fokus der Untersuchung gestanden hatten, verlieren dadurch nichts von der Härte ihrer Mauern, der Höhe der Zäune und der Hochtechnologisierung der Kontrolle. Aber es werden überall Lücken im System und Fluchtrouten sichtbar, auf denen Menschen in die EU einwandern, um dort zu arbeiten und zu leben.

Diese Umkehrung des Blicks lässt sich anhand des experimentellen Dokumentarfilms »Les Sauteurs« gut veranschaulichen:[232] Der flüchtende Abou Bakar Sidibé filmt darin sein Leben vor den Toren der europäischen Enklave Melilla mit einer Handkamera. Aus seiner Perspektive schildert er die gefährlichen und oftmals tödlichen Versuche, die Zäune zu überwinden, die Verfolgung durch die Polizei, das Leben im Wald, den Alltag, die Träume, Wünsche und Hoffnungen, und erzählt von Fußballturnieren, Schlafstätten unter Plastikplanen und dem täglichen Wasserholen. Die technologisch hochgerüstete Grenze wird in der Dokumentation durch Nachtsichtaufnahmen dargestellt, auf denen die Migrant:innen zur Grenze laufen. Auf der einen Seite stehen die objektivierten schwarzen Schemen, die durch die Nachtsichtgeräte sichtbar werden, auf der anderen Seite die subjektive Perspektive auf den Alltag und die Vorbereitungen für den kollektiven

Grenzsturm, die von Sidibé kommentiert werden. Dieser Perspektivwechsel hin zur Subjektivität der Flüchtenden ist nicht nur eine theoretische, sondern auch eine politische Intervention. Er ergänzt die politischen Diskurse um eine entscheidende Stimme.

Wie selten die Flüchtenden im öffentlichen Diskurs zu Wort kommen, hat eine Studie zur Berichterstattung über Migration und Flucht in den britischen Medien 2015 gezeigt: 47 Prozent der untersuchten Artikel fassten die Migrant:innen als Bedrohung, weitere 38 Prozent als Opfer. Nur in 10 Prozent der Artikel wurden Migrant:innen vorteilhaft und dann meist als nützlich für die Wirtschaft dargestellt.[233] Auch außerhalb Großbritanniens pendelt die Beschreibung von Migrant:innen zwischen »Opfern und Kriminellen« hin und her und wird nur dann und wann durch wirtschaftliche Kosten-Nutzen-Abwägungen unterbrochen. Eine eigene Stimme besitzen Migrant:innen im öffentlichen Diskurs viel zu selten.

Die Theorie der Autonomie der Migration versucht, diesem Missstand zu begegnen und die Grenzen auch aus Sicht der Flüchtenden zu beschreiben.[234] Grenzen werden dann als konflikthafte Felder erkennbar, die sich bis in den Alltag und die Körper hinein erstrecken und wesentlich durch die Bewegung der Flüchtenden bestimmt werden. Aus dieser subjektiven Sicht lässt sich die Flucht als widerständige Handlung und als Neuanfang verstehen.

## Unwahrnehmbare Politiken

Aus Perspektive der Migration werden widerständige Politiken sichtbar, die sich sonst gerade nicht wahrnehmen lassen.[235] Diese unwahrnehmbaren Politiken entziehen sich der politischen Repräsentation und dem Subjekt-Werden als Bürger:in. An die Stelle einer solchen öffentlichkeitswirksamen Erscheinung rückten die Verwandlung, Täuschung und Tarnung. Die Flucht als politische Praxis umgeht demnach Prozesse der Identifizierung und stellt diesen das Unsichtbar-Werden gegenüber. Anstatt nur die auffällig in Erscheinung tretenden Proteste der Illegalisierten zu untersuchen, spürt die Theorie der Autonomie der Migration den alltäglichen Handlungen und subversiven Praktiken, den taktischen Manövern und unsichtbaren Überlebenskämpfen der Flüchtenden nach. Diese Prozesse bleiben an die individuellen Situationen und Körper gebunden und sind kaum verallgemeinerbar. Einige Flüchtende verbrennen ihre Pässe. Andere ätzen sich die Haut von den Fingern, um nicht identifiziert werden zu können. Viele erfinden imaginäre Lebensgeschichten oder schreiben ihre Geschichte mehrmals um. Scheinehen werden geschlossen. Manche ändern ihr Geschlecht, um unauffällig zu reisen oder mit einer neuen Identität weitere Asylverfahren zu durchlaufen. Tausende wandern nachts über Pässe, schwimmen durch Flüsse und Meere und steigen in Boote. Das Unauffällig- und Übersehen-Werden der Flucht wird von der Migrations-Autonomie-Theorie als politische Taktik verstanden, die zwar nicht in Öffentlichkeiten eingreift und keine Standpunkte bezieht, aber als eine Strömung im Untergrund Gesellschaften verändert.

Abseits der nationalstaatlich geordneten Welt schaffen die Migrant:innen so Lebensformen, die auf relativ autonome Gemeingüter gebaut sind, die selbst gemacht werden.[236] In diesem prekären, aber autonomen Feld für experimentelle Lebensformen und widerständige Selbstorganisation öffnen sich Fluchtlinien, die zur Black Radical Tradition führen.

Die Taktiken der Flucht, die an den europäischen Grenzen ethnografisch aufgezeichnet werden, gleichen in mancher Hinsicht den Aufzeichnungen Williams Stills,[237] der im 19. Jahrhundert die Fluchtgeschichten der Schwarzen aus der Versklavung in den USA sammelte. Still berichtet davon, wie sich Flüchtende als Waren tarnten, die Identität und oftmals das Geschlecht wechselten, Geschichten erfanden und durch Flüsse, Sümpfe und Wälder flohen.

Als »fugitivity«, also Flüchtigkeit,[238] beschreibt der Schwarze Poet und Aktivist Fred Moten in dieser Tradition eine lebendige Schwarze Kultur in ihren täglichen Routinen und kulturellen Praktiken, die sich der Kontrolle entzieht und außerhalb der Fesseln des rassistischen Kapitalismus und tödlicher staatlicher Institutionen existiert.[239] Moten zeigt, dass es möglich ist, sein ganzes Leben auf der Flucht zu leben, um der Gewalt von anti-Schwarzem Rassismus zu entkommen. Denn die poetisch-flüchtige Welt entziehe sich der Negation Schwarzer Menschen und ihrem sozialen Tod, womit sich Moten gegen die afro-pessimistische Annahme einer Fortsetzung der Sklaverei mit anderen Mitteln stellt.

Ähnliche Konzepte finden sich im Schwarzen Feminismus. Der tägliche Kampf ums Überleben in einer extrem feindlichen Umgebung, die Schwarzes Leben zum Tode verurteilt, wird hier zum Ausgangspunkt für einen »flüchtigen Feminismus«[240] und dessen Verweigerungshandlungen.[241] Anstatt die Handlungsfähigkeit von Flüchtenden wie Negri und Hardt oder die Autonomie der Migration mit Metaphern des Widerstands und der Revolution zu überhöhen, wird die feministische »fugitivity« als Alltagshandlung sichtbar. Die US-amerikanische Autorin Saidiya Hartmann hat beispielsweise in ihrer detektivischen und gleichzeitig fiktionalen Geschichtsschreibung die Leben von flüchtenden Schwarzen Frauen in den USA um 1900 erzählt.[242] Ihre Protagonist:innen organisierten keine Märsche, gründeten keine NGOs und bespielten keine Öffentlichkeiten. Stattdessen flohen sie durch kleine Alltagshandlungen aus der scheinbar ubiquitären rassistischen und sexualisierten Gewalt. Sie lebten in WGs, feierten Partys, untergruben Geschlechternormen, führten selbstbestimmte Beziehungen und entzogen sich der Ausbeutung als Dienstmädchen. Dabei lebten sie allerdings in ständiger Gefahr, denn zusätzlich zur Gefahr sexualisierter Gewalt drohte Repression durch Staat und Polizei, die sogar den abendlichen Aufenthalt auf der Straße verboten und denen vage Denunziationen reichten, um die jungen Frauen jahrelang in Erziehungslager zu sperren. Diese Schwarze feministische Perspektive auf die Flucht rückt gleichzeitig die Selbstbestimmtheit wie auch die Verwundbarkeit der Flüchtenden in den Vordergrund und kann so helfen, den Universalismus und die Idealisierung von Fluchtbewegungen durch das Konzept der Autonomie der Migration zu relativieren.

## Romantische Fluchtbewegungen?

Auch an das Autonomiekonzept kann die Frage der schlechten Universalisierung gestellt werden: Wer sollte »die Migration« sein, deren Perspektive eingenommen wird?[243] All die mobilen Menschen lassen sich schließlich nicht einfach zu einer Multitude zusammenschließen, was nicht zuletzt die Auseinandersetzungen innerhalb der antirassistischen Bewegungen gezeigt haben.[244] Zwar ist der Begriff der Migration weiter gefasst als der der Flucht, und auf seiner Grundlage können solidarische Bündnisse zwischen verschiedenen antirassistischen Bewegungen geschmiedet werden. Ob das allerdings gelingt, ist nicht garantiert. So zogen es viele Refugee-Aktivist:innen vor, sich weiterhin als Flüchtende zu verstehen und ihr Recht auf Asyl zu verteidigen.[245]

Einheitlich von Migration zu sprechen, vereinfacht die Diversität von Fluchtbewegungen und droht zudem die Gewalt der Vertreibungen zu verschleiern. Neben der Undifferenziertheit wird an dem Autonomiekonzept auch die Romantisierung kritisiert.[246] Ähnlich wie die Postoperaist:innen überhöht es die grenzensprengende Macht der Fluchtbewegungen. Migrationsbewegungen beispielsweise als »eines der größten Laboratorien der Subversion liberaler Politik«[247] zu bezeichnen, verkennt die Gewalt der Vertreibungen und der Flucht.

Die These von der Autonomie der Flucht hat wichtige Taktiken der Subversionen und Momente des Widerstands sichtbar gemacht, obwohl sie die Ambivalenz der Flucht nicht überzeugend fassen konnte.[248]

## Exodus oder Stimme

In Schwarzen Bewegungen entstanden immer wieder Reibungen zwischen den Forderungen nach einem Exodus in einen eigenen Staat und denen nach Bürgerrechten im Bestehenden.[249] Paolo Virno unterscheidet zwischen radikaldemokratischer Protest- und Exoduspolitik mittels der Gegenüberstellung von Exit und Stimme.[250] Während sich Politiken der Stimme auf den Kampf um die Repräsentation innerhalb der Nationalstaaten konzentrieren und sich an nationale Öffentlichkeiten, Parteien, Gerichte und Gesetzgeber:innen richten, sprengen Exoduspolitiken dieses nationalstaatliche Korsett. Exoduspolitik steht für die Abkehr vom Nationalstaat und die autonome Selbstorganisation, für das Sich-Entziehen und Im-Verborgenen-Agieren sowie für ständige Mobilität. In Exodustheorien wird die Flucht selbst politisch verstanden und ist deshalb nur bedingt auf die sprachliche und symbolische Vermittlung ziviler Protestpolitiken angewiesen.

Im radikaldemokratischen Politikverständnis von Arendt und Balibar steht hingegen der öffentliche Sprechakt im Mittelpunkt. Das zeigt sich in Arendts Plädoyer für pluralistisches gemeinsames Handeln ebenso wie in Balibars Einsatz für die Proteste der Sans-Papiers. Ob als Streit oder gemeinsames Handeln: Politik wird radikaldemokratisch als sprachlich vermittelter Austausch in Öffentlichkeiten gedacht. Der Mensch ist politisch, weil er den Logos hat. Wer nicht sprechen kann, kann nicht politisch handeln. Das gilt für Dinge[251] und Tiere[252] ebenso wie für alle anderen Wesen, denen der Logos abgesprochen wird.

Die politische Philosophin Isabell Lorey schrieb deshalb, dass der Exodus aus der Perspektive der radikalen Demokratie aussehe wie eine Masse von »sprachlosen Wesen«, die »lärmend« aus der Stadt zögen.[253] Die Handlung der Flucht bleibt für die radikaldemokratischen Theoretiker:innen präpolitisch, ein Aufstand, der mit seiner Affektivität, seiner Bewegung von Körpern so lange nicht politisch ist, bis er sich sprachlich artikuliert. Für Lorey und andere Exodustheoretiker:innen ist die Flucht hingegen selbst eine politische Handlung, die mit der Ordnung bricht, was den Raum für Neuanfänge und -gründungen schafft.

Während die radikale Demokratietheorie tendenziell um Staat und Bürger:innenschaft kreist, sind der Ausgangspunkt der Exodustheorien der globale Kapitalismus und die transnationale Arbeiter:innenschaft. Politiken der Stimme denken die Flucht in Bezug auf die Vertreibung durch Nationalstaaten, Exoduspolitiken die Migration in Bezug auf Vertreibungen durch den Kapitalismus. Während die hier vorgestellten radikaldemokratischen Theorien eher auf Arendt bezogen sind, ist der Ausgangspunkt der Exodustheorien bei Marx zu suchen.

Der radikaldemokratische Fokus auf Grenzen bringt die Dialektik von Aus- und Einschluss auf den Punkt. Was jenseits der Grenzen ist, verschwimmt. Selbst Balibars Forderungen nach einer Demokratisierung der Grenzen durch eine Politik der Menschenrechte bleiben hier diffus. Mit ihrer Konzentration auf Demokratie bleiben Staat und Volk letztlich der Horizont dieser Theorien. Was vor und außerhalb des Erscheinens in nationalen Öffentlichkeiten liegt, wird vernachlässigt. Das ist auch mit ihrer Fokussierung auf den Sprechakt verbunden. Öffentlichkeiten organisieren sich in verschiedenen Sprachen, da die Nationalstaatsbildung häufig durch die Herstellung sprachlicher Gemeinschaften vorangetrieben wurde.[254] Das Unvernehmen, von dem Rancière spricht, hat auch konkrete Gründe in der Schwierigkeit des Übersetzens zwischen Sprachen.

Exodustheorien mögen aus radikaldemokratischer Perspektive wie machtlose und marginale Überbleibsel der Widerstände gegen den modernen Staat erscheinen, sie besitzen aber das Potenzial, das methodische Korsett des Nationalismus[255] in Frage zu stellen und unerwartete Verbindungen verschiedener Kämpfe auch über Grenzen hinweg zu verstehen. So chaotisch und anmaßend ihre Entwürfe und so unrealistisch ihre Fantasien vom Ende der Nationalstaaten teilweise sein mögen, kann ihnen doch zugute gehalten werden, dass sie Widerstand transnational, kapitalismuskritisch, antirassistisch und -sexistisch, grenzüberschreitend und ökologisch denkbar machen.

Die Flüchtenden werden nicht erst politisch aktiv, wenn sie in den Staaten des globalen Nordens um Rechte und Demokratisierung kämpfen. Ihr Aufbruch, ihre Grenzübertritte und ihre Neuanfänge sind bereits politisch, selbst dann, wenn sie nicht das Licht der Öffentlichkeit suchen, sondern die Dämmerung oder die Nacht, das Versteck, die Täuschung und das Nicht-Auffallen wählen. Nicht erst die Organisation der Flüchtenden in Bewegungen und deren Proteste machen die Flucht zur politischen Handlung, sondern schon ihre Mikropolitik und die alltäglichen Praxen der Flucht. Die radikaldemokratischen Politiken der Flüchtenden lassen sich demnach konzeptionell um subversive, taktische und praktische Politiken der Flucht erweitern, um anarchische Praxen, die im transnationalen Raum agieren, um Flüchtende, die Netzwerke gründen und einen widerständigen Umgang mit Institutionen finden.

## Exodus ohne Stimme ist blind, Stimme ohne Exodus ist leer

Im »Marsch der Hoffnung« zeigt sich exemplarisch, dass Politiken des Exodus und Politiken der Stimme keine strikt getrennten Strategien sind, sondern ein Kontinuum bilden und sich gegenseitig ergänzen. Die Flucht wird im Marsch unmittelbar zu einer politischen Bewegung, die den Demos Europas durch die Ankunft von Flüchtenden verändert. Gleichzeitig entstehen bei dem Marsch Bilder des Protests, die sich an die nationalen Öffentlichkeiten richten. Exodus und Stimme sollten deshalb nicht gegeneinander ausgespielt werden, wie in einigen globalisierungskritischen Theoriedebatten,[256] sondern kombiniert werden. Decken die Exoduspolitiken die Mikro- und Makroebene der Politik, die Zonen über und unter dem Staat ab, eignen sich die radikaldemokratischen Theorien besser für die Mesoebene der Staatlichkeit.

Eine alleinige Konzentration auf die Multitude und ihre von unten wuchernden Graswurzeln verheddert sich orientierungslos im Dickicht der Alltäglichkeit. Ohne ein Verständnis von Staat und Hegemonie sehen Exoduspolitiken den Wald vor lauter Wurzeln nicht. Radikaldemokratische Politiken verlieren wiederum nur zu leicht die (un-)sichtbaren Politiken der Flüchtenden aus den Augen.

Erst die Verbindung von unsichtbaren und sichtbaren Politiken der Flucht macht die ganze Vielfalt des Widerstands sichtbar. Das Erscheinen in der Öffentlichkeit ist in vielen Situationen eine gefährliche Form der Politik. Für Flüchtende, die von Abschiebung und rassistischer Gewalt bedroht sind, ist diese repräsentative Form der Politik nicht unbedingt das erste Mittel der Wahl.[257] Unter gewaltvollen Herrschaftsverhältnissen sind öffentliche Protestpolitiken beschränkt, und die politischen Möglichkeiten ändern sich entscheidend je nach rechtlicher Situation.[258] Solidarische Unterstützer:innen mit Rechten und Pässen können viel leichter gewaltvolle Situationen thematisieren und beispielsweise das Leben in den Lagern oder das Sterben im Mittelmeer dokumentieren. Für die Flüchtenden sind in diesen gefährlichen Grenzsituationen subtilere Formen des Widerstands das Mittel der Wahl.

Exodustheorien haben Kapitalismuskritik als Ausgangspunkt behalten. Nicht die Bürger:in der Demokratie, sondern die migrierende Arbeiter:in des Kapitalismus ist ihre zentrale Figur. Nicht die fehlende Anerkennung, sondern die Ausbeutung und Enteignung stehen im Zentrum der Kritik. So schematisch ihre Kapitalismustheorie auch sein kann, in Zeiten globaler Vielfachkrisen zahlt sich ihr Festhalten daran aus. Die Stoffe, aus denen die multiplen Krisen von heute gemacht sind – Klima, Finanzen, Flucht, Rassismus, Sorge und Corona –, machen Kapitalismuskritik notwendig. Die nationale Begrenzung der Politik lässt sich mit der Kapitalismuskritik der Exodustheorien etwas aufbrechen, was transnationale Politiken zumindest erahnbar macht. Die Verschränkung von Exodus- mit radikaldemokratischen Theorien erlaubt es, Widerstand gegen Staat und Kapitalismus kritisch zusammenzudenken.

## Feigheit? Abenteuer? Widerstand!

Zwischen Platon und Arendt findet die Flucht keinen festen Platz im Kanon der politischen Philosophie. Das ist allein deshalb erstaunlich, weil ein Großteil der kanonischen Denker:innen selbst fliehen musste. Trotzdem wird die Flucht höchstens indirekt als Metapher verwendet und das meist in einem abwertenden Sinn, als feige Handlung, mit der sich die Flüchtenden aus der Verantwortung stehlen würden. In diesem Sinn klagt auch Arendt über die Entfremdungen der Moderne als Weltflucht, die als »Flucht von der Erde in das Universum« führen könne oder als »Flucht aus der Welt in das Selbstbewusstsein«.[259]

Flucht gilt als feige und falsch, weil sich die Flüchtenden nicht stellen würden. Das Sich-Stellen und die damit verbundene Stelle, sei es als Anstellung oder Standpunkt, gelten aber als Grundbedingung für Politik. Erst zwischen den verschiedenen Standpunkten der Staatsbürger:innen öffne sich laut Arendt das politische Feld als gemeinsame, plurale und öffentliche Welt. Wer immerzu flieht, lässt sich nicht fassen. Das gilt als nicht vertrauenswürdig und opportunistisch. Flucht erscheint daher als apolitisch, als ein eskapistisches Sich-davon-Stehlen. Platon hat diese Abwertung der Flucht in seiner Geschichte von Sokrates' Tod illustriert: Obwohl alles vorbereitet ist und die Wächter bestochen sind, weigert sich Sokrates, aus dem Gefängnis zu fliehen. Für ihn ist die Flucht schlimmer als der Tod, da sie die Gesetze der Polis und damit die Voraussetzungen für würdevolles menschliches Leben untergrabe.

Seither hat sich die politische Theorie implizit gegen die Flucht positioniert. Flucht wurde verbunden mit Passivität, Vertreibung, Charakterschwäche, Standpunktlosigkeit und fehlendem Verantwortungsgefühl.[260] Diese negative Sicht auf Flucht hat durchaus ihre Berechtigung: Sie kann in manchen Fällen sicherlich feige sein, etwa bei Steuerflucht. Entscheidend ist deshalb, von wo geflohen wird: Aus einer Position der Macht zu entkommen, mag feige sein. Die Flucht der Machtlosen, der Unterdrückten und Beherrschten ist dagegen meist eine Flucht vor Gewalt und damit kein kleinmütiges Davonlaufen, sondern vielmehr eine der wenigen verbleibenden Handlungsoptionen.

Außerhalb der Philosophie gab es dagegen einen gewaltigen Fundus von Fluchtgeschichten, die die Flucht mit heroischer Selbstbehauptung aufladen. Fluchtgeschichten wurden nicht erst seit dem Exodus zur Blaupause des Abenteuers. Die mythischen Held:innen fliehen ebenso wie die modernen Actionstars. Die Befreiung aus Herrschaft und Unterdrückung, aus einengenden Institutionen, vor dem Weltuntergang, vor Zombies, Aliens, Kriegen oder Krankheiten verspricht maximale Intensität durch ständige Grenzüberschreitungen. Die Liebe ist ein weiterer entscheidender Fluchtgrund. Tod, Gewaltexzesse, Zerstörung und Erotik liefern Handlung im Stakkato und lassen den eigenen langweiligen Alltag vergessen. Fluchtgeschichten versprechen seit der Antike heroischen Freiheitskampf und aufklärerischen Fortschritt. Sie stehen für individuelle Selbstbehauptung gegenüber den Mächten von Natur und Gesellschaft. Von den mythischen Fluchten des Daedalus oder der Danaiden bis zur Flucht im modernen Actionfilm oder romantischen Road Trip wird die Flucht zum Inbegriff von Freiheit verklärt.

## Apolitische Feigheit oder individualistisches Abenteuer

Ob die Flucht nun abenteuerlich überhöht oder als feige abgelehnt wird, in beiden Varianten erscheint sie als übersteigerte Form des Individualismus und eben nicht als politische Handlung. Die feige Flucht bleibt eine Panikreaktion, ein Fluchtinstinkt, dessen Grund im unmittelbaren Selbstschutz liegt. Aber auch in den Abenteuerversionen wird die Flucht selten politisch verstanden. Die Abenteurer:innen werden als autonome Übermenschen interpretiert, die sich allein gegen die Welt stemmen. Sogar Filme über Gefängnisausbrüche stellen diese deshalb zumeist nicht als politische Interventionen gegen die Institution des Gefängnisses dar, sondern eher als Hymnen an das fliehende Individuum. Die Flucht der Liebenden mag sich zwar in der Erzählung gegen patriarchale Strukturen richten, anstatt diese aber zu sprengen, feiert sie dann oft nur die Einzigartigkeit dieser einen romantischen Verbindung.

Die Flucht bleibt in beiden Fällen eine hyperindividualistische Handlung, die keine Allgemeingültigkeit beansprucht. Sie betrifft nur die Einzelnen, aber formt keine Gruppen oder Machtblöcke. Sie ist so sehr auf Freiheit gerichtet, dass sie die Gleichheit vergisst. Die Flucht wird in den Bereich des Privaten geschoben: Wie die romantische Liebe wird sie als Schicksal der Einzelnen verstanden. Wer flieht, gilt entweder als Opportunist:in oder individualistische Abenteurer:in.

Damit gliedern sich sowohl die Denunziation der Flucht als feige als auch die Abenteuergeschichten in einen breiten Konsens ein, der die Flüchtenden entpolitisiert.

## Schwarze Abenteuer

Hannah Arendt fasst die Flüchtenden der Zwischenkriegszeit wie gesagt als Ausdruck bloßen Überlebens, ihre eigene Flucht aus dem faschistischen Europa beschreibt sie im Fernsehinterview mit Günter Gaus aber als abenteuerliche Reise mit einer Bande: »Wir waren jung, mir hat's sogar noch ein bisschen Spaß gemacht.«[261] In ihrer theoretischen Verallgemeinerung viktimisiert sie die

Flüchtenden, in ihrer subjektiven Erzählung erscheint sie selbst allerdings als Abenteurerin. Zwischen der subjektiven und der verallgemeinerten Geschichte tut sich ein Widerspruch auf.

Diese Spaltung der Flucht, in die viktimisierten oder kriminalisierten Vertriebenen auf der einen Seite und die Abenteurer:innen und Romantiker:innen auf der anderen, folgt oft einem rassistischen Skript. Während die Abenteurer:innen *weiß* imaginiert werden, werden die Flüchtenden rassistisch als die Anderen vorgestellt. Die einen werden gefeiert, da sie ihre Freiheit individualistisch gegen mächtige Strukturen und Institutionen behaupten, die anderen werden viktimisiert, kriminalisiert und als untergehende, verzweifelte Massen präsentiert. Die einen gelten als Held:innen und die anderen als Opfer oder Gefahr. Die Actionheld:innen, die aus der Unterdrückung fliehen, und die Flüchtenden an den Grenzen der globalen Mittelschichten werden sauber getrennt. Beispielsweise wird die Flucht des Whistleblowers Edward Snowden als heroische Geschichte für die Kinos erzählt. Die Flüchtenden, die in den globalen Norden ziehen, schaffen es meistens nur in den experimentellen Dokumentarfilm. Schlimmstenfalls werden sie zu gefährlichen zombiehaften Massen degradiert.

Die rassistische Trennung der Flucht in *weiße* Hyperindividuen und Schwarze Massen kann aber durchkreuzt werden. Werden die Abenteuer- mit den Opfergeschichten verwoben, entfaltet sich das politische Potenzial der Flucht. Auf Grundlage der *Underground Railroad Records* von William Still[262] schrieben beispielsweise Ta-Nehisi Coates *The Water Dancer*[263] und Colson Whitehead *Underground Railroad.*[264] Die Flucht der Versklavten aus den Südstaaten der USA in die Freiheit wird in beiden Romanen aus Perspektive der Flüchtenden erzählt und dabei verklärt. Aus den flüchtenden Sklav:innen und ihren Unterstützer:innen werden auf diese Weise Held:innen, und das Netzwerk der Fluchthelfer:innen und Aktivist:innen der Underground Railroad erlangt geradezu magische Kraft. Diese Gegengeschichten der flüchtenden Sklav:innen fordern die rassistischen Gründungsmythen der USA heraus. Ähnlich wie Balibar forderte, Europa ausgehend von den Flüchtenden neu zu gründen, können diese Romane als Aufrufe verstanden werden, die USA auf Grundlage des Kampfes gegen rassistische Gewalt neu zu gründen.

Auch die widerständige Flucht nach Europa wurde vielfach literarisch verarbeitet: Der politische Aktivist Emmanuel Mbolela schrieb seine beeindruckende Autobiografie *Mein Weg vom Kongo nach Europa. Zwischen Widerstand, Flucht und Exil.*[265] Mbolela gründete auf seiner Flucht durch Marokko und verschiedene europäische Staaten unter widrigen Bedingungen politische Organisationen und schuf Öffentlichkeiten für eine Politik der Flüchtenden. Seine Arbeit öffnet den utopischen Horizont transnationaler Demokratie. Ein weiteres Buch in dieser Liste ist *No friend but the mountain* des kurdischen Aktivisten Behrouz Boochani. In einer Mischung aus Dokumentation, Gedichten und Erzählung schildert er seine Flucht aus dem Iran nach Australien, das er aber nie erreicht, da er nach einer lebensgefährlichen Bootsüberfahrt jahrelang im Lager auf Manus eingesperrt wird. Aus dem Lager schmuggelt er Nachrichten, Gedichte und Texte und informiert so die Weltöffentlichkeit über die desaströsen Zustände, über die Selbstmorde und die Gewalt, aber auch über die Widerstandsbewegungen der Flüchtenden. Das Buch tippt Boochani während seiner Inhaftierung auf einem Handy.

Die Kraft dieser Romane liegt darin, die Flüchtenden weder als weiße Übermenschen noch als Schwarze Massen, sondern als handelnde Subjekte zu fassen. Zwischen den Grausamkeiten der Vertreibung und dem mutigen Ausbruch verfolgen die Bücher die Lebensgeschichten von Flüchtenden, die die handelnden Protagonist:innen dieser Geschichten sind. Ihre individuellen Lebensläufe erzählen sowohl von Vertreibungen und Flüchtlingspolitiken als auch von grenzüberschreitender Solidarität und politischer Selbstorganisation.

Neben die Abstraktion der einprägsamen Exilpoetik rückt in diesen Romanen eine literarische Form mit mehr sozialem und politischem Gewicht. Der Roman garantiert den Protagonist:innen einen Subjektstatus mit Handlungsmacht, Innerlichkeit, Widersprüchlichkeit und Tiefe. Werden in Romanform die Geschichten der Flüchtenden erzählt, sprengt das die Grenzen des Literaturkanons ebenso wie die fortschrittlichen Entwicklungsgeschichten der Nationalstaaten. Ihr Fluchtpunkt ist es, die Mythen des Nationalismus zu überwinden und die Geschichte einer Welt nachzuzeichnen, die immer schon transnational und divers war.[266]

## Flucht als widerständige, politische Handlung

Um die Politiken der Flucht als Aufbruch, Ausbruch, Grenzüberschreitung und Neugründung zu verstehen, müssen sie mit den Strukturen der Vertreibung zusammengedacht werden und ihr brisantes Verhältnis zu Kapitalismus und Nationalstaat noch einmal ausgedeutet werden. Fluchtbewegungen erschöpfen sich nicht in der Vertreibung von Minderheiten durch Nationalstaaten oder in den Vertreibungen des Kapitalismus. Fluchtbewegungen sind auch ein Ausbruch aus Gesellschaften, Staaten, Institutionen und Arbeitsverhältnissen. Indem sie Grenzen perforieren, fordern sie Nationalstaaten und Kapitalismus heraus.

Hannah Arendt hat die Folgen von rassistischen Flüchtlingspolitiken geschildert: Die Vertreibung von Minderheiten und der Ausbau von Grenzen entfesselten die Ideologien von Nationalismus, Imperialismus, Rassismus und Faschismus. Indem die Flüchtlingspolitiken der Zwischenkriegszeit Teile der Bevölkerung entrechteten, illegale Rückführungen praktizierten, Denunziation, Misstrauen, Gewalt und ein Klima der Angst etablierten, untergruben sie die staatliche Ordnung. Die Gewalt, die sich gegen Flüchtende richtete, wurde normalisiert und fraß sich von den Grenzen und Lagern mitten durch die europäischen Gesellschaften. Doch nicht nur rassistische Flüchtlingspolitiken und ihre Eskalationsspiralen der Gewalt, auch Fluchtbewegungen selbst fordern nationalstaatliche Ordnungen heraus, denn sie stellen sowohl die Herkunfts- als auch die Ankunftsgesellschaften vor grundsätzliche Legitimationsprobleme.

Wenn Menschen aus einer Gesellschaft fliehen, untergräbt das zuallererst die Legitimität der sozialen und politischen Ordnung der Herkunftsgesellschaft. Jede Flucht ist der Beweis dafür, dass der Herkunftsstaat nicht in der Lage ist, seiner Bevölkerung ein gutes Leben und eine Zukunft zu sichern. Jede Flucht ist ein kleines Staatsversagen. Sie ist ein performatives Misstrauensvotum. Das Bonmot von der Abstimmung mit den Füßen müsste wohl eher Widerstand mit den Füßen heißen, es fasst sie aber treffend als eine kleine politische Unabhängigkeitserklärung.[267] Die Flucht von DDR-Bürger:innen nach Westdeutschland vor und nach dem

Bau der Mauer kann ebenso als Beispiel dienen wie all die Fluchten von Oppositionellen und Minderheiten auf der ganzen Welt, die sich häufig außerhalb des Landes neu formieren, um im entscheidenden Moment zurückzukehren. Fluchtbewegungen sind deshalb nie nur Vertreibungen, sondern fast immer auch ein In-Frage-Stellen der Ordnung des Herkunftslandes.

Platons Sorge um die Gültigkeit der Gesetze im Falle von Sokrates' Flucht ist also durchaus berechtigt, denn selbst die Flucht einer einzelnen Person kann eine ganze Gesellschaftsordnung delegitimieren, was sich bis heute etwa bei Whistleblower:innen zeigt.[268] Weil sich die Flüchtenden nicht stellen, sondern den Herrschaftsbereich verlassen, stehen sie für alternative soziopolitische Ordnungen ein. Der Auf- und Ausbruch ist deshalb als politischer Akt lesbar. Das gilt nicht nur im Fall der Vertreibung von Minderheiten, sondern auch für die Flucht der vom Kapitalismus als überflüssig Gebrandmarkten, die ihrer Zukunftslosigkeit entkommen wollen. Wenn ein großer Teil der Bevölkerung keine Perspektive für ein gutes Leben mehr sieht und ein Land verlässt, schwächt das die staatliche Autorität. Selbst wenn die Intentionen der Flüchtenden nicht primär politisch sind, kann ihre Flucht trotzdem so verstanden werden. Die Flucht ist eine Anklage an Gewalt, Zukunftslosigkeit und Unterdrückung.

Jede Flucht ist zudem ein Hilferuf an dritte Parteien und damit ein Angriff auf die Autonomie eines Staates. Indem sie den Herkunftsstaaten die Fähigkeit abspricht, Konflikte gewaltfrei und eigenständig zu lösen, untergräbt sie deren Autorität. Fluchtbewegungen können internationale Einmischungen rechtfertigen und als Druckmittel in internationalen Verhandlungen dienen. Das gilt vor allem für Vertreibungen von Minderheiten.

Doch nicht nur Herkunftsgesellschaften werden durch Fluchtbewegungen unter Druck gesetzt, auch Ankunftsstaaten können durch Fluchtbewegungen destabilisiert werden. Konfrontiert mit Fluchtbewegungen müssen sich Staaten erstens der Begrenztheit der Macht ihrer Regierungen und Behörden stellen. Sie werden zweitens mit der Heterogenität ihrer eigenen Bevölkerung und der inneren Zerrissenheit des Demos konfrontiert. Fluchtbewegungen machen so die Brüche in der nationalen Identität sichtbar. Sie stellen die idealisierten Nationalgeschichten, die Rassismus,

Sexismus, Kolonialismus, Imperialismus und Faschismus verschweigen oder in das Korsett verkürzter Erinnerungskulturen zwängen, in Frage. Die Geschichten, die die Flüchtenden mitbringen, und ihre Appelle an Gleichheit, Freiheit, Solidarität, Demokratie, Menschen- und Bürger:innenrechte zeigen, wie dünn der demokratische Film ist, mit dem die Staaten des globalen Nordens so gerne glänzen.

Gleich zu Beginn der Fluchtbewegungen von 2015 wurden die Überforderung der staatlichen Institutionen und die begrenzte Handlungsfähigkeit der europäischen Regierungen offensichtlich. Obwohl die Migrationsforschung auf die Möglichkeit umfassender Fluchtbewegungen über die Balkanroute hingewiesen hatte, hatten die Behörden nicht vorausschauend agiert. Die Schwierigkeiten, Unterkünfte und medizinische Versorgung sicherzustellen und geordnete Asylverfahren zu ermöglichen, ließen die staatlichen Institutionen behäbig und träge erscheinen. Die langen Schlangen vor den Ämtern untergruben die Autorität der Behörden.

Die Fluchtbewegungen deckten auf, wie schnell es Minderheiten, selbst in den reichsten Ländern, am Notwendigsten fehlen kann, an Unterkünften, Nahrung, Kleidung, medizinischer Versorgung, Bildung, Status und Rechten. Sie zeigten die Schwäche der sozialen und administrativen Netze schonungslos auf. Allein durch ihre Ankunft stellten sich weitreichende Fragen an die staatlichen Infrastrukturen: Wie kann es sein, dass die wohlhabendsten Gesellschaften der Welt in einem ständigen Mangel an lebensnotwendigen Dingen wie Wohnraum, Kinderbetreuung, psychologischer und medizinischer Versorgung sowie Bildung leben? Wie ist es möglich, dass die Ankunft von Flüchtenden sie derart massiv überfordert?

Dazu kamen grundsätzliche Fragen an die Macht der Exekutive, die gegen die massenhaften Grenzübertritte mit symbolpolitischen Kontrollen reagierte, die wenig effektiv, dafür aber kostspielig waren. Die Erfahrung, dass die Grenzen nicht einfach geschlossen werden konnten, weil sie sich nicht einfach schließen lassen, deckte ein Phantasma der staatlichen Souveränität auf: Dass Staaten die Macht über ihre Grenzen hätten und frei entscheiden könnten, wer sie übertritt, erwies sich als Trugschluss. Der rechtsextreme AfD-Politiker Alexander Gauland erklärte, dass er sich aussuchen wolle, wer sein Nachbar sei, und erntete massive Kritik, die schnell deutlich machte: So wenig, wie Bürger:innen sich ihre Nachbar:innen aussuchen können, so wenig kann ein demokratischer Staat souverän darüber entscheiden, wer in ihm lebt.

Wendy Brown hat die Aufrüstung der Grenzen deshalb als Zeichen der Schwäche der Nationalstaaten gewertet.[269] Es sind hilflose Gesten, die über die Unfähigkeit hinwegtäuschen sollen, aus den verschiedenen Menschen, die auf dem staatlichen Territorium leben, und denen, die neu ankommen, eine demokratische Gesellschaft zu formen.

Auf die Schwäche der Staaten reagierten die Bürger:innen 2015 sehr unterschiedlich. Ein Teil sprang für den Staat ein und ersetzte die fehlende staatliche Infrastruktur durch Solidarität und gegenseitige Hilfe. Die Essayistin Rebecca Solnit hat solche unmittelbar solidarischen Reaktionen als Desasterkommunismus beschrieben.[270] Im Kollaps organisierten sich die Menschen selbst und versuchten die verwüsteten Infrastrukturen wieder aufzubauen, um zumindest die Grundbedürfnisse aller zu decken. Daraus ergab sich eine der größten sozialen Bewegungen, die es in Deutschland je gab. Ein großer Teil der Deutschen beteiligte sich an Initiativen, engagierte sich bei NGOs und Vereinen, die sich oft neu gründeten. Auch Jahre später sind noch viele Millionen Menschen in dieser Bewegung aktiv.

Gleichzeitig wurden die Flüchtenden in einer unendlich oft wiederholten rassistischen Geste von einem anderen Teil der Bevölkerung zum Sündenbock stilisiert. Sie wurden für Sexismus, Rassismus, Wohnungsnot und schlechte Sozialsysteme, für Krankheiten, Kriminalität, Unvernunft und Terror verantwortlich gemacht und verfolgt. Parallel zu den Solidaritätsbewegungen nahm die Zahl rassistischer Anschläge zu. Brandanschläge auf Flüchtlingsunterkünfte, Terroranschläge auf Minderheiten und ein Erstarken rechtsradikaler Parteien und Bewegungen waren die Gegenreaktion auf die Fluchtbewegungen und die breite Solidarität der Bevölkerungen. Als Erinnerungen an die Pogrome in Rostock-Lichtenhagen durch die Belagerung einer Unterkunft für Geflüchtete in Heidenau wieder lebendig wurden, stellte sich überdies die Frage, ob die Exekutive in der Lage und gewillt wäre, die Rechte der Ankommenden durchzusetzen. Das Misstrauen in die Behörden war in den Jahren davor durch die Selbstenttarnung des NSU-Komplexes und das Bekanntwerden diverser rechtsextremer Netzwerke in den staatlichen Sicherheitsbehörden gewachsen und wurde durch die rechtsextremen Übergriffe weiter genährt.

Die solidarischen Reaktionen der Zivilgesellschaft ebenso wie die rechtsextremen Verfolgungen und Anschläge lassen sich also als Reaktion auf die Schwäche des Staates verstehen. Während der eine Teil der Bevölkerung die sozialen Funktionen des Staates übernahm, versuchte sich ein anderer an einer nationalistischen und rassistischen Restauration einer längst überkommenen Ordnung. Auch wenn die Regierung versuchte, ihre zumindest temporäre Unterstützung der Flüchtenden in eine Geste der Großzügigkeit und Moral umzudeuten, festigte sich das Bild eines staatlichen Kontrollverlusts. Die Fluchtbewegung hatte die europäischen Staaten überrumpelt und ihre Schwächen offengelegt.

Obwohl sich Angela Merkels faktische Migrationspolitik in den rassistischen europäischen Konsens einfügte, sind erstaunlicherweise zwei Sätze von ihr in Erinnerung geblieben. Ihr Satz »Dann ist das nicht mein Land« stellte die grundsätzliche Frage nach der Identität Deutschlands, und ihr Diktum »Wir schaffen das« gab die schwäbische Antwort: Deutschland ist das Land der Schaffenden, das Land der Arbeit.

Die fundamentalen Debatten über die Identität Deutschlands, über Kolonialismus, Rassismus, Faschismus, die Shoa, die Teilung und Wiedervereinigung und über die Rolle der Religion konnte Merkel damit aber nicht ersticken. Die Fluchtbewegungen ließen sich nicht, wie einst die Verantwortung für die Shoa, mit Arbeitseifer und Produktivität überspielen oder mit einer Mischung aus Humanitarismus und Integration in die Arbeitsmärkte entpolitisieren. Sie hatten die Unfähigkeit der staatlichen Institutionen und Macht offengelegt, und es zeigte sich, dass es sehr verschiedene Vorstellungen gab, wie mit diesem Befund umgegangen werden sollte. Die rassistischen und die solidarischen Reaktionen auf die Ankunft der Flüchtenden deckten die Spannungen, Zerwürfnisse und Kämpfe innerhalb des deutschen Demos schonungslos auf. Die inneren Spaltungen des Landes, die durch die jahrelangen neoliberalen

Reformverweigerungen und Konfliktvermeidungsstrategien nur notdürftig überdeckt worden waren, wurden sichtbar.

Die Fluchtbewegungen von 2015 lösten deshalb Debatten über Sexismus, über Deutschlands Kolonialismus und seine postkoloniale Verantwortung, über deutschen Rassismus, Kontinuitäten des Faschismus, die Fluchtgeschichten der Vertriebenen aus den Ostgebieten und deren Traumata,[271] über Erinnerungspolitik und die zentrale Stellung der Shoa darin und schließlich über die Frage nach den Fehlern und Versäumnissen bei der Wiedervereinigung aus. All diese umkämpften Debatten verzahnten sich zudem mit anderen Teilen der Vielfachkrise, der Wirtschafts-, Staaten- und Finanzkrise, der Unsicherheit der Zukunft in Zeiten der Erderhitzung, von Corona und demografischem Wandel.

Die Fluchtbewegungen und die Reaktionen darauf legten die innere Zerrissenheit der deutschen Gesellschaft und ihre sexistischen, rassistischen, klassenbezogenen und ökologischen Abgründe offen. Als hätten die Deutschen nur auf die Ankunft »der Flüchtlinge« gewartet, um sich mit der jahrzehntelang verdrängten inneren Zerrissenheit konfrontieren zu können. Die Grenzüberschreitung der Fluchtbewegungen wurde als radikale Infragestellung der nationalen Identität und als massiver Kontrollverlust erfahren. Auf praktischer Ebene wurden die Institutionen vorgeführt, auf ideeller die Nationalgeschichte. Deren Erzählungen von Demokratie, Wohlstand, Erinnerungskultur und Aufklärung erwiesen sich als fadenscheinig.

Ob intendiert oder nicht, Fluchtbewegungen haben auch für die Ankunftsgesellschaften zutiefst politische Implikationen. Auch deshalb können Flüchtende die politischen Debatten zur Flucht nur bedingt steuern. Politiken der Flucht sind nicht nur Politiken, die bewusst über Sprache, Programme und Agenden gemacht würden. Oft werden Menschen einfach so in sie hineingezogen. Politik ist nicht nur eine zivile, autonome und selbstbestimmte Handlung, sie ist zu einem gewissen Grad auch immer Geworfen-Sein in Probleme, die niemand sich selbst ausgesucht hat. Die Flüchtenden, die 2015 nach Deutschland kamen, hatten kaum Interesse daran, Debatten über die innere Zerrissenheit der deutschen Gesellschaft zu führen und die europäischen Demokratien neu zu gründen. Sie können diesen Kämpfen trotzdem nur schwer ausweichen, egal wie gut sie sich assimilieren oder ins Private zurückziehen.

Fluchtbewegungen prägen Ankunftsgesellschaften durch das Ereignis ihres Eintritts ebenso wie durch transnationale Lebensformen. Die Flüchtenden von 2015 haben neue Existenzen gegründet und werden so über die nächsten Jahrzehnte die deutsche Gesellschaft verändern. So wie die Fluchtbewegungen der 1990er Jahre Deutschland zwangen anzuerkennen, dass es längst Einwanderungsland geworden war, könnten die Fluchtbewegungen von 2015 dazu führen, dass Deutschland Verantwortung für seinen Rassismus übernimmt, seine imperiale Vergangenheit aufarbeitet und endlich seine sprachliche, religiöse und kulturelle Vielfalt anerkennt. Das wird allerdings nur möglich sein, wenn die Stimmen der Flüchtenden nicht in der Nabelschau der Debatten über nationale Identität untergehen.

Doch nicht nur Nationalstaaten werden durch Fluchtbewegungen herausgefordert, auch die globale Wirtschaftsordnung wird von ihnen in Frage gestellt.

## Sind Fluchtbewegungen kapitalismuskritisch?

Ob Fluchtbewegungen ein globales Empire sprengen könnten, wie das Negri und Hardt darstellten, sei dahingestellt. Doch sie lassen sich im Hinblick auf verschiedene kapitalistische Formationen auf jeden Fall als politische, widerständige Bewegungen begreifen. Beispielsweise waren die Fluchten der Maroons Widerstand gegen den merkantilistisch-kolonialistischen Plantagen-Kapitalismus und die Sklaverei. Heute stehen Fluchtbewegungen in einem Spannungsverhältnis zu kapitalistischen Enteignungen und damit zu einem extraktivistischen Neoliberalismus. Gleichzeitig fordern sie die Grenzen der globalen Mittelschichten heraus und kratzen damit an der Patina der sozialen Marktwirtschaft und Sozialdemokratie. Der nationale Kompromiss von neoliberalen und sozialdemokratischen Politiken, der Ausbeutung und Verwüstungen externalisiert und Mittelschichten mit Hilfe nationaler Grenzen schützt, wird durch die Politiken der Flüchtenden untergraben.

Fluchtbewegungen sind politisch, weil sie Grenzen in Frage stellen: die Grenzen der Demokratie ebenso wie die von Arbeitsmärkten und sozialen Sicherungsnetzen. Sie zeigen die Gewalt der globalen Ungleichheit auf. Balibars Überlegungen zu den Ausschlüssen der nationalen Staatsform und den Kämpfen um Bürger:innenschaft lässt sich mit dem Autonomiekonzept um Überlegungen zur Arbeiter:innenschaft erweitern. Grenzen nehmen in den globalen Herrschaftsstrukturen und Machtkämpfen entscheidende Funktionen ein. Indem sie für Rohstoffe, Waren und Geld relativ durchlässig und für die meisten Menschen geschlossen sind, strukturieren sie globale Arbeitsmärkte und sichern die Akkumulation von Kapital ebenso wie die Akkumulation von Not und Gewalt.

Arbeitsmärkte sind rassistisch strukturiert. Das ist aufgrund der Geschichte des Kapitalismus, die eine imperiale und koloniale Geschichte von Sklaverei, Zwangsarbeit und Arbeitszwang ist, kaum verwunderlich. Rassismus strukturiert Arbeitsmärkte und ihre migrantische Unterschichtung durch nationale Grenzen. Die Grenzen des globalen Nordens mit ihren Lagern, Abschiebungen und der abgestuften Vergabe von verschiedenen Aufenthaltstiteln sind entscheidend für Arbeitsmärkte und -bedingungen: Mit Grenzen lassen sich Fluchtbewegungen zwar nur bedingt verlangsamen und beschleunigen, doch können mit ihnen der Druck auf und Bedingungen für Arbeiter:innen entschieden verändert und reguliert werden. Die ständigen Diskussionen über den Zugang zum Arbeitsmarkt für Flüchtende sind fundamentale Auseinandersetzungen um Arbeitsbedingungen, Ausbeutung und die Geltung von und den Zugang zu Grundrechten. Für wen gelten soziale Rechte? In welchen Formen soll Zwangsarbeit legal sein? Sollen Flüchtende für Hungerlohn oder ehrenamtlich arbeiten? Sollen Menschen abgeschoben werden, die in die Arbeitsmärkte integriert sind? Darf es Spurwechsel zwischen Asylsuchenden und Arbeitsmigrant:innen geben? Welche Rechte besitzen illegalisierte Arbeiter:innen?

Anhand der Fluchtbewegungen werden die großen Fragen der Arbeit verhandelt. Die Debatten zur Flucht sind rassistische Schwundformen der radikalen Kämpfe, mit denen die Arbeiter:innenbewegungen sich einst ihre Rechte und Bürger:innenschaft erstritten. Der fordistische Kompromiss der imperialen Lebensweise und der folgende neoliberale Druck haben viele

Arbeiter:innen zu Kompliz:innen der rassistischen Gewalt von Staat und Kapital werden lassen. Sozialdemokratie und Neoliberalismus überdecken und verdrängen die politische Radikalität von Fluchtbewegungen, indem sie Entrechtung und gewaltvolle Ausbeutung rassistisch zum Problem der Anderen erklären. Die europäischen Mittelschichten ziehen sich hinter Grenzen zurück und verlieren den Blick für entscheidende Arbeitskämpfe.

Fluchtbewegungen stören diese Grenzen. Die Flüchtenden erkennen ihren Platz in der ungleichen Hierarchie der Welt nicht an und verlassen ihn. Ihre »erprobten transnationalen Vergesellschaftungsformen« ignorieren »die nationalstaatliche Einfassung des Sozialen«.[272] Fluchtbewegungen führen aus Sklaverei und Zwangsarbeit, aus Ländern mit äußerst niedrigem Lohnniveau, aus Fabriken und Unternehmen, aus Ausbeutung und schlechten Arbeitsbedingungen heraus. Sie führen aus Regionen mit wenig Perspektiven und schlechten Zukunftsaussichten heraus. Sie führen aus unbezahlter Hausarbeit und patriarchalen Strukturen heraus. Diese Fluchtbewegungen sind sehr unterschiedlich und überschreiten verschiedene Grenzen und Arbeitsmärkte. Sie eint jedoch die Forderung nach einer globalen Öffnung der Arbeitsmärkte, nach einem Ende gewaltvoller Ausbeutung, nach Rechten und einer gerechten Verteilung von Wohlstand und Zukunftschancen. Fluchtbewegungen stemmen sich so gegen die Unterdrückung durch Rassismus, Klassenstrukturen und Patriarchat.

Sie sind deshalb noch lange kein Weg aus dem Kapitalismus heraus, können ihn aber vielleicht zu Anpassungen drängen. Ihre Fluchten sind meist der Weg aus einer Form der Ausbeutung in eine andere. Doch dabei machen sie die globalen ungerechten Strukturen der Ausbeutung sichtbar. Selbst wenn die Flucht keine bewusste politische Aktion ist, fungiert sie als Kritik an der rassistischen internationalen Arbeitsteilung.[273]

## Globalisierungskritik

»Wir sind hier, weil ihr unsere Länder zerstört.«[274] Das ist die Kernbotschaft des Refugee-Aktivisten Osaren Igbinoba von The Voice bei seiner Auftaktrede zu den globalisierungskritischen Protesten in Genua 2001. Die Forderungen der Flüchtenden erschöpfen sich nicht in ihrem Kampf um Rechte durch die Abschaffung der Lager, das Ende von Abschiebungen und für Aufenthaltstitel. Fluchtbewegungen besitzen immer auch eine globalisierungskritische Dimension. Am deutlichsten wird das in den Aktionen der Aktivist:innen von The Voice. Sie kritisieren Flüchtlingspolitiken ebenso wie Fluchtursachen: Landraub und Verwüstungen durch die Ausbeutung von Rohstoffen, Freihandelsabkommen, Agrarsubventionen, Korruption, die Zusammenarbeit Europas mit autoritären Regimen und die Schwächung der Staaten im globalen Süden. Die Proteste von The Voice beschränken sich deshalb nicht auf die Ankunftsgesellschaften, sondern setzen vielmehr auf eine transnationale Form des Widerstands gegen die Verwüstungen des Kapitalismus, die Plünderung von Ressourcen, die Vertreibung von Kapitalismusflüchtenden und die Gewaltherrschaft extraktivistischer Regime. Igbinobas kämpferische Ansagen richten sich in Nigeria wie in Europa gegen dieselben Strukturen globaler Ungerechtigkeit.

Die Flüchtenden geben der Globalisierungskritik eine entscheidende Wendung, weil sie Vertriebene und Kämpfer:innen gleichzeitig sind. Sie sind nicht nur abstraktes Humankapital gegenüber dem ungezügelten Kapitalismus, sondern auch widerständige Aktivist:innen.

Ihre Fluchten sind die Suche nach einem besseren Leben, nach Arbeit, Sicherheit und Zukunft. Und auch wenn nicht alle wie Igbinoba globalisierungskritische NGOs gründen, erschöpfen sich die Gründungen der Flüchtenden nicht in privaten Existenzen. Die transnationalen Lebensweisen der Flüchtenden lassen sich als eine alltäglich gelebte Form von Globalisierungskritik interpretieren. Selbst wenn diese Kritik nicht laut ist und nicht den Streit und die Bühne sucht, verbindet sie Herkunfts- mit Ankunftsgesellschaften. Die Flüchtenden haben dabei die Frage nach der Verantwortung für die Fluchtursachen im Gepäck. Sie geben dem globalisierungskritischen Widerstand gegen Ausbeutung und Verwüstung ein Gesicht. Das tun sie nicht nur durch Protestpolitiken, sondern ebenso durch die Flucht selbst. Jeder illegalisierte Grenzübertritt ist eine widerständige Handlung gegen die Gewalt der Grenzen, mit der die globale Ungleichheit implementiert wird.

Jede Rücküberweisung ist eine Anklage an die massive Ungleichheit von Lebenschancen und Zukunftsperspektiven. Jedes transnationale Telefongespräch und jeder Videoanruf sind eine Übersetzung zwischen Lebensweisen und errichtet eine von Millionen von kleinen Gegenöffentlichkeiten. Jede Freund:innenschaft, die in den Herkunftsgesellschaften entsteht, ist ein kleines Stück gelebter Völkerverständigung. Auch wenn all diese Alltagshandlungen nur sehr feine Spuren hinterlassen, summieren sie sich zu Bahnungen, die irgendwann auch die nationalen Öffentlichkeiten, die NGOs und die staatlichen Institutionen beeinflussen. All diese alltäglichen Handlungen geben den globalisierungskritischen Protestpolitiken ein Fundament, reichern ihre großen strukturellen Anklagen mit phänomenologischen Erfahrungen an und weben an transnationalen Öffentlichkeiten, in denen sich globale Probleme verhandeln lassen.

Um nur drei von unzähligen möglichen Beispielen zu nennen: Osaren Igbinoba gründete das aktivistische Netzwerk The Voice, die erste und älteste Flüchtlingsselbstorganisation. Mein Nachbar Musa lieh sich nach seiner Flucht aus Afghanistan Geld und gründete in Wien einen Imbiss, der zu einem Treffpunkt der türkisch-afghanischen Community im Stadtteil wurde. Mathangi »Maya« Arulpragasam wurde unter dem Pseudonym M.I.A. Popstar und stellte in ihren millionenfach gehörten Songs die Flucht und die Gewalt von Grenzen ins Rampenlicht.

Es ist das Verdienst von NGOs wie The Voice, die Tausenden von alltäglichen globalisierungskritischen Spuren in politisch prägnante Formeln zu fassen. »Wer Instrumente der Gewalt und der ökonomischen Ungerechtigkeit herstellt, wird Flüchtende ernten«,[275] brachte der Aktivist Rex Osa von The Voice den Diskurs um Fluchtursachen auf den Punkt. 2015 organisierte er eine Protestaktion gegen die Waffenhersteller Diehl, Movag und ATM am Bodensee.[276] Die Protestaktion störte die Feiern der Willkommenskultur und führte den Europäer:innen ihre eigene Verwicklung in die globalen Gewaltverhältnisse vor Augen.

Die verschiedenen Formen von Kapitalismuskritik, die bei den Flüchtenden und ihren Kämpfen ansetzen, sind schwer zu bündeln.[277] All die Kämpfe – an den Grenzen, bei den Streiks der flüchtenden Arbeiter:innen, den Protesten der Sans-Papiers, dem Widerstand der migrantischen Care-Worker:innen bis hin zur Stürmung der Grenzbefestigungen der spanischen Enklaven – lassen sich vielleicht auf den Nenner vom Kampf gegen Ausbeutung und globale Ungleichheit bringen. Sie konstituieren allerdings noch kein globales politisches Subjekt.[278] Die mobile Masse ist entlang von nationalen Kompromissen ebenso gespalten wie entlang von *race*, Klasse und Geschlecht.[279]

Trotz dieser Vielfalt der Flüchtenden und ihren unterschiedlichen Intentionen sind alle Fluchtbewegungen radikale Infragestellungen von Neoliberalismus und Sozialdemokratie. Die Radikalität der Flucht liegt darin, dass sie Frontier und Grenze gleichermaßen kritisiert und damit sowohl die Verwüstungen des Neoliberalismus als auch den Nationalismus der Sozialdemokratie ablehnt. Die Kritik der Flucht steht nicht nur in einer Linie mit der Kritik an den inneren Widersprüchlichkeiten von Liberalismus und Sozialismus, Menschen- und Bürger:innenrechten, Imperien und Staaten. Sie ist vor allem eine Kritik an den Voraussetzungen und Kompromissen dieser beiden Ideologien, eine Kritik an Rassismus und Nationalismus, ohne die keine liberal-sozialen oder sozial-liberalen Kompromisse möglich wären. Die Flüchtenden verkörpern die Kritik an Liberalismus und Sozialismus gleichermaßen: Sie klagen einerseits die Verwüstungen eines ungezügelten Kapitalismus an, andererseits fordern sie die Öffnung der Grenzen und damit die nationalstaatlichen, bürokratischen und rassistischen Grenzregime heraus, mit denen sich die globalen Mittelschichten vor den Verwüstungen schützen und ihren Wohlstand verteidigen wollen.

Daher rühren die tiefe politische Verunsicherung und die teils absurde Migrationspanik, mit der Fluchtbewegungen im globalen Norden empfangen werden. An der Figur der Flüchtenden zeigt sich, dass die modernen Ideologien von Liberalismus und Sozialismus und ihre in zweihundert Jahren entstandenen Institutionen in der Krise sind. Der Liberalismus verwüstet die Erde. Der Sozialismus zieht sich hinter Grenzen zurück. Die Kritik der Flüchtenden an Rassismus und Nationalismus ist keine Kritik an vormodernen Überbleibseln oder vergangenen Ideologien des 19. Jahrhunderts. Sie ist eine Kritik am gewaltvollen Fundament der globalen Ordnung. Die Flüchtenden entzaubern die liberal-sozialen Märchen einer gewaltfreien und fortschrittlichen Welt. Die Klingen des NATO-Drahts, auf denen die Aktivistin Gloria Anzaldúa die prekäre Heimat der Flüchtenden verortete,[280] trennen Frontier und Grenze, (Neo-)Imperium und Nationalstaat, Wirtschaft und Politik, Not und Wohlstand, Gewalt und Frieden, Tod und Leben. Indem sie Grenzen überqueren, transnationale Existenzen und politische Netzwerke gründen, bringen die Flüchtenden diese Aufteilung der Welt durcheinander und klagen ihre Ungerechtigkeit an.

Fluchtbewegungen stellen so die beiden Pfeiler der modernen Welt – Kapitalismus und Staat – radikal in Frage. Sie bleiben aber nicht bei der Kritik stehen, sondern entwerfen mutige Ideen einer möglichen anderen, kommenden Welt, jenseits der Gewalt, in der es vielleicht irgendwann einmal keine Flucht mehr geben müsste.

## Die konkrete Utopie der Flüchtenden

Politiken haben einen utopischen Horizont, eine vage, aber doch in Konturen erkennbare Welt, an der sie ihre Werte ausrichten und auf die sie zusteuern. Der Faschismus träumt von der identitären Volksgemeinschaft. Der Konservatismus will Tradition, Religion und Machtverhältnisse bewahren. Der Liberalismus zielt auf eine Welt der Freiheit. Der Sozialismus baut an einer Welt der Gleichheit. Gibt es eine Vision für die Politiken der Flucht? Welche kommende Welt zeichnet sich in den Bewegungen, Lebensweisen und Forderungen der Flüchtenden ab?

Fluchtbewegungen stehen für das Recht zu gehen – ebenso aber für das Recht zu bleiben.[281] Ein Recht zu bleiben würde garantieren, dass niemand mehr vertrieben wird, und würde in eine Welt führen, in der niemand fliehen müsste.[282] Damit stellen Fluchtbewegungen die Welt, wie sie heute ist, grundsätzlich in Frage. Das tun sie nicht mit Parteien, Programmen und Revolutionen, sondern alltäglich im Protest für Rechte ebenso wie im Überschreiten von Grenzen. So utopisch die hier skizzierten Fluchtlinien erscheinen mögen, werden auf ihnen heute schon Tausende kleine Schritte in Richtung einer Welt gegangen, in der alle Menschen bleiben und gehen können, wo und wohin sie wollen. Ich möchte vier Leitideen skizzieren, an denen sich Politiken der Flucht orientieren.

## Radikale Solidarität

Politiken der Flucht beginnen nicht mit pathetischen Unabhängigkeits-, sondern mit solidarischen Abhängigkeitserklärungen. Weniger als an den hehren Idealen von Freiheit und Gleichheit orientieren sie sich am tendenziell vernachlässigten dritten Wert der revolutionären Tradition: der Solidarität. Politiken der Flucht zeigen, wie auf der Grundlage gemeinsamen politischen Handelns die Welt im Kleinen und Großen immer wieder neu gegründet werden könnte. Radikale Solidarität verspricht einen Brückenschlag zwischen lokalen, alltäglichen Praxen und großer Politik.[283] Sie setzt an den menschlichen Beziehungsweisen an,[284] kapselt sich aber nicht ab von der Welt und verliert sich nicht in Individualismus oder Weltflucht. Sie ist die Grundlage demokratischer und das bedeutet möglichst gewaltfreier Vergesellschaftung.[285] Arendts Freiheit und Balibars Gleichfreiheit werden ebenso wie der Exodus erst durch ein Netz solidarischer Beziehungen möglich.

Niemand flieht allein. Die Fluchtbewegungen von 2015 können als machtvolle Bewegung der Solidarität und der Bündnisse betrachtet werden. In unzähligen selbstorganisierten Gruppen, Projekten und Aktionen entstand ein kraftvolles politisches Gefüge. Auch wenn seine Beziehungen nicht Ausdruck reiner, selbstloser Solidarität waren, sondern immer wieder durch Rassismus, Paternalismus, Sexismus und Klassismus eingetrübt wurden, bildeten sie trotzdem die wesentliche und bleibende Errungenschaft einer der größten sozialen Bewegungen, die es in Europa je gab. Das besetzte City Plaza Hotel, in dem von 2016 bis 2019 in Athen ein solidarisches Zusammenleben von Aktivist:innen und Flüchtenden ausgehandelt wurde, kann als ihr Symbol dienen.[286]

Die Dichterin Gioconda Belli hat Solidarität als Zärtlichkeit der Völker beschrieben. In ihrem Sinn möchte ich Solidarität als zärtliche Streitbarkeit verstehen.[287] Streitbar ist die Solidarität gegenüber Strukturen der Gewalt, in ihrem Kampf gegen Grenzen, Enteignung, Verfolgung und Ausschluss. Zärtlich ist sie im Aufbau von verantwortungsvollen Beziehungen und Bündnissen.

Solidarität ist nicht nur eine Haltung, sie muss gemacht werden. Solidarische Beziehungsweisen beginnen mit elementaren sozialen Fähigkeiten wie Zuhören, Differenzen Aushalten,[288] Streiten, Anerkennen, Trauern, Verantwortung Übernehmen, Sich-Entschuldigen, belastbare Beziehungen Aufbauen und Sich-Verbünden. Sie erlauben es, von dort aus die Welt zu verändern.

Der Beginn solidarischer Beziehungen ist Zärtlichkeit. Solidarität ist die Fähigkeit der Verwundeten, in einer zerbrochenen Welt, selbst unter Bedingungen der Gewalt, gemeinsam zu handeln. Grundlage dafür sind Zuhören und Fragen Stellen: Solidarische Bündnisse können nur geschlossen werden, wenn die Geschichten der Flüchtenden nicht überschrieben, verdrängt oder in vorgegebene Formate gepresst, sondern angehört werden. Grundlage ist das Übersetzen zwischen Sprachen und Praxen, zwischen Ideologien, Weltbildern und Machtgefällen.[289]

Grundlage für Solidarität ist aber ebenso der Konflikt, mit dem sich Vorurteile, identitäre Logiken und Hierarchien aushebeln und verschiedene Standpunkte klarstellen lassen. Solidarität erlaubt es, die Differenzen anzuerkennen, die feministische und antirassistische Standpunkte in die Bündnisse der Flüchtenden einbringen, und trotzdem handlungsfähig und aufeinander bezogen zu bleiben.

Solidarität ist keine identitäre Verschmelzung und keine Anrufung einer abstrakten Menschheit.[290] Im Sinne von Arendts Bild revolutionärer Politik am Verhandlungstisch kann Solidarität nur als gleichzeitige Bewegung der Auseinander- wie Zusammensetzung gelingen. Solidarität vermittelt aber nicht zwischen Universalisierung und Differenz. Sie ist kein Kompromiss. Sie intensiviert die Unterschiede der Handelnden und gleichzeitig deren

Zusammenhalt. Sie stärkt die Zentrifugal- und die Zentripetalkräfte von Bewegungen gleichermaßen, nicht um die inneren Spannungen dialektisch aufzulösen, sondern um die affektive und intellektuelle Grundlage für verantwortungsvolle Beziehungen und gemeinsames Handeln zu legen.

Die in diesem Buch aufgegriffenen Ideen der Radikalisierung der Demokratie und der Multitude der Exodustheorien versuchen in genau diesem Sinn, die innere Zerrissenheit jeder politischen Gemeinschaft zum Ausgangspunkt des gemeinsamen Handelns zu machen. Die unweigerlich entstehenden Spannungen und Verwerfungen aushalten zu können und trotzdem aufeinander bezogen zu bleiben, fordert Beharrlichkeit, Streitbarkeit und Vertrauen gleichermaßen.

Grundlage für Solidarität ist die Anerkennung der vermachteten und häufig gewaltvollen Beziehungen, in denen Menschen immer verhaftet sind. Solidarisch ist aber auch, davon auszugehen, dass es letztlich keine radikal Anderen und keine wirklich Fremden gibt.[291] Grundlage der Solidarität ist die Erkenntnis, dass alle Menschen auf dieser Welt verbunden sind, nicht nur abstrakt durch Sprache, Vernunft oder Menschlichkeit, sondern konkret durch die Geschichte und Gegenwart von Kapitalismus, Kolonialismus, Imperialismus und Nationalstaatsbildung ebenso wie durch widerständige Bewegungen und gemeinsames Handeln.[292]

Die Flucht kann nur als politische Handlung verstanden werden, wenn sie als Beziehungsgefüge der Solidarität begriffen und gemacht wird. Durch Fluchtbewegungen werden transnationale Bündnisse neu geschaffen, von der Freund:innenschaft bis zum politischen Netzwerk. Die Flucht politisch zu verhandeln bedeutet deshalb, transnationale Bündnisse anstatt internationale Freihandelsabkommen und Grenzen zu schließen.

## Grenzen abschaffen

2016 war ich zum ersten Mal auf einer Anti-Abschiebungsdemo vor dem Schubhaftzentrum an der Rossauer Lände in Wien. Ziel war es weniger, Aufmerksamkeit für die gewaltvollen Abschiebungen in Kriegsländer zu generieren, als vielmehr den Eingesperrten zu zeigen, dass sie nicht allein waren. Wir blockierten die große Straße vor dem Gebäude und die Ausfahrt des Zentrums. Kein Polizeiauto sollte den Weg zum Flughafen passieren können. Alle skandierten: »No border, no nation, stop deportation!«

Der Slogan bereitete mir im Nachhinein Kopfzerbrechen: Sicherlich müssten die gewaltvollen Elemente des Staates abgeschafft werden. Aber im Staat sind doch auch all die mühsam erkämpften Rechte und demokratischen Verfahren angelegt, von Sozialversicherungen bis zu Parlamenten und unabhängiger Justiz. Ist der Staat mit seinen Grenzen nicht das Einzige, was zwischen uns und der entgrenzten Gewalt von Ausbeutung und Herrschaft steht? Fliehen die Flüchtenden nicht gerade aus scheiternden und zerfallenden Staaten und suchen Sicherheit in Europas Institutionen? Ist es nicht widersprüchlich, die Abschaffung der Grenzen zu fordern?

Der Widerspruch löste sich für mich erst durch die Lektüre von abolitionistischer Literatur auf, die im Zuge der »Black Lives Matter«-Proteste verstärkt auch in Europa rezipiert wurde.[293] Abolitionismus steht in der Tradition der Abschaffung der Sklaverei. Die hatte in den USA bekanntlich nicht zu einem Ende der Gewalt und zum radikalen demokratischen Umbau des Staates geführt. Stattdessen wurde die Herrschaft über die Schwarzen Unterschichten durch Polizeigewalt, Gefängnisse, Gesetze, Zwangsarbeit und Rassismus neu organisiert.[294] Deshalb richten sich seither viele Schwarze Befreiungskämpfe gegen Gefängnisse, Justiz und Polizei.[295] Abolition Democracy nannte der Schwarze Historiker W. E. B. Du Bois die Möglichkeit eines demokratischen Neuanfangs, der den Demos der USA gemeinsam mit der Schwarzen Bevölkerung neu gründen sollte. Dazu gehört auch die Abschaffung gewaltvoller staatlicher Institutionen. Angela Davis, die in den Widerstandskämpfen gegen Gefängnisse[296] zu einer Ikone der Schwarzen Bewegung wurde, greift diese Utopie heute prominent auf.[297] Die Aktivistin Harsha Walia und andere führen die Schwarzen Kämpfe mit den Kämpfen um die Grenzen zusammen.[298] Auch in Europa wurde die Forderung nach einer Abschaffung der Grenzen in den letzten Jahren immer lauter[299] und schloss unter anderem an die Arbeit des »No Border«-Netzwerks an, das seit den 1990er Jahren Camps organisiert. Was würde es also bedeuten, die Grenzen abzuschaffen?

Abolitionismus bedeutet nicht, die Grenzen und den Staat von heute auf morgen aufzulösen. Das würde die bestehende Gewalt nur weiter entgrenzen. Vielmehr stellt das Konzept eine so utopische wie konkrete Frage: Wie sähe eine Welt aus, die keine Grenzen, keine Gefängnisse, keine Polizei und keine Staaten bräuchte?

Es wäre eine Welt, in der niemand abgeschoben und niemand vertrieben werden würde, eine Welt, die sich durch radikal andere Institutionen organisieren würde, in der Gerechtigkeit, Sicherheit und ein gutes Leben für alle frei zugänglich wären. Es wäre eine radikal demokratisierte Welt, die auf solidarische Beziehungsweisen statt Herrschaft aufgebaut wäre. Es müsste zudem eine Welt sein, die jenseits der zerstörerischen Wachstumsimperative des Kapitalismus liegt. Es könnte eine Welt jenseits von individuellem Reichtum sein, eine Welt der Gemeingüter. Anstatt die Demokratie nationalstaatlich einzuhegen, müsste sie neue Institutionen schaffen, die auf die drängenden globalen Probleme von der Ungleichheit bis zur Klimakrise gewaltfreie Antworten finden könnte. Die Grenzen müssten durch entschiedene Maßnahmen für globale Gerechtigkeit und eine sichere Zukunft für alle obsolet werden.

So utopisch das klingen mag, Teile dieser Welt sind bereits zu finden. In den Netzwerken der Flüchtenden werden Wissen und Ressourcen geteilt, während solidarische Bewegungen an den Grenzen die Infrastrukturen des Überlebens bereitstellen.[300] Ebenso organisieren sich indigene Gemeinschaften bereits heute radikal solidarisch.[301] Und selbst wenn es so erscheint, als wäre der Kapitalismus totalitär, finden sich überall kleine Gesten radikaler Solidarität, die Beziehungen auf Grundlage von Gaben und der Sorge umeinander ermöglichen.

Ausgehend von diesen utopischen Keimen öffnen die Forderungen nach einer Abschaffung der Grenzen einen Raum für demokratische Experimente und politische Imagination: Wer könnten wir jenseits von Arbeitsstellen und Bürger:innenschaft werden? Könnten Sozialarbeit und transformative Gerechtigkeit in neue Institutionen jenseits von Polizei, Justiz und Gefängnis führen? Wie müsste die soziale Infrastruktur umgebaut werden, damit Bildung, medizinische Versorgung, Sozialversicherungen und eine Sicherung der Grundbedürfnisse für alle gedeckt wären?

Die Geschichte der Flüchtenden begann mit der massenhaften Vertreibung von den Gemeingütern und nahm entscheidend Fahrt auf mit ihrem Ausschluss durch nationale Grenzen. Ihre Geschichte könnte durch die Gründung globaler Commons beendet werden. Der Politikwissenschaftler Thomas Faist hat die Migration als globale soziale Frage gerahmt.[302] Das ärgste Leid des entfesselten Kapitalismus konnte seit dem 19. Jahrhundert im globalen Norden durch radikaldemokratische Bewegungen gelindert werden, die Rechte und Gemeingüter für immer größere Teile der Bevölkerungen innerhalb der Nationalstaaten erkämpften. Und selbst auf internationaler Ebene ließen sich durch die UN Übereinkünfte in Rechtsform bringen wie die Flüchtlingskonventionen, die Sustainable Development Goals oder der Loss and Damage Fund, der gegen die Auswirkungen der Klimakrise eingerichtet wurde. So schwach, unzureichend und vermachtet diese internationalen Vereinbarungen sind und so rassistisch und mürbe die nationalen Sicherungssysteme, sind das trotz allem Hebel, an denen angesetzt werden müsste, um auch auf einer globalen Ebene für basale Infrastrukturen und ein gutes Leben für alle zu kämpfen. Das könnte durch eine weitere Radikalisierung der Demokratie gelingen, die rassistische Grenzen aufweicht und die sozialen Institutionen nach und nach über ihre nationalstaatliche Einfassung hinaustreibt.

Neben diesen Kämpfen um die Erneuerung von Institutionen und eine Globalisierung der Commons erschaffen Menschen überall dort Gemeingüter von unten, wo Staat und Kapital versagen.[303] Diese Gemeingüter von unten entstehen inmitten des Desasters, wenn die Betroffenen Netze radikaler Solidarität aufbauen, die sie selbst inmitten der Gewalt handlungsfähig machen.[304] Die Flüchtenden werden mit dem ausgestattet, was sie auf ihren gefährlichen Routen notdürftig schützt, es werden Unterkünfte, Nahrung, medizinische Versorgung und Informationen bereitgestellt.[305] Ebenso werden diese Commons durch die Netzwerke von Freund:innenschaft und Verwandtschaft vermittelt, die beispielsweise durch Rücküberweisungen Ökonomien im globalen Süden mittragen.

Diese individuellen Geldtransfers geben eine Richtung vor: Sie müssten um massive Reparationen für die koloniale Gewalt ebenso wie für die Verwüstungen des Kapitalismus ergänzt werden. Die globale Ungleichheit ist durch eine Geschichte globaler Gewalt entstanden. Die Geschichte der Flüchtenden kann helfen, diese Geschichte zu verstehen und angemessen auf sie zu reagieren. Es gilt, die historische Dimension der strukturellen Gewalt anzuerkennen und zu erinnern und materiell ebenso wie ideell darauf zu antworten.

Globale Commons bedeuteten damit auch das Ende der imperialen Lebensweise, mit der die globalen Mittel- und Oberschichten extraktivistisch die globalen Unterschichten enteignen.[306] Dazu müsste ein anderes Ideal von Wohlstand durchgesetzt werden. Der materielle Wohlstand der imperialen Lebensweise müsste durch einen sozialen Wohlstand ersetzt werden, einen Wohlstand an Lebensgrundlagen, an Gesundheit, an Zeit, an Begegnungen, an Sorge, an Bildung, an gemeinsamen Handlungsoptionen. Queer-feministische, antirassistische und ökologische Gruppierungen verschränken sich schon heute in der Forderung nach solchen Commons.

## Transnationale Demokratie

Entlang der Fluchtrouten wachsen transnationale Formen von Politik. Die Proteste der Flüchtenden auf den Plätzen und in den Straßen der europäischen Metropolen wurden von großen solidarischen Bewegungen wie Welcome united[307] ebenso begleitet wie von lokalen Kämpfen gegen Abschiebungen. Diese Kämpfe um Bürger:innenschaft, um Papiere und Rechte, gegen Abschiebungen, Lager, Entrechtung und Rassismus innerhalb der EU verbinden sich mit den Protesten an den Außengrenzen. Das Netzwerk Seebrücke[308] und viele Bewegungen der letzten Jahre schaffen sichere Häfen für Flüchtende und fordern von den Nationalstaaten und der EU, mehr Flüchtende aufzunehmen.[309] Auf einer lokalen Ebene gründen sie transnationale solidarische Institutionen und verbinden sich mit Fluchthelfer:innen[310] und den Seenotretter:innen, die eigene Schiffe gechartert haben, Menschen retten und gleichzeitig wichtige Aufklärungs- und Öffentlichkeitsarbeit leisten.[311] Dazu kommen Initiativen wie das WatchTheMed Alarm Phone für das Mittelmeer und das Alarme Phone Sahara,[312] das die Route durch die Wüste von Agadez überwacht.[313]

Ein gutes Beispiel für diese Transnationalisierung demokratischer Politik ist das Netzwerk Afrique-Europe-Interact.[314] Vom Kampf gegen Vertreibungen bis hin zu den Neugründungen der Flüchtenden unterstützt das Netzwerk die Politiken der Flüchtenden von Westafrika bis Europa. Es verbindet Aktivist:innen aus Bewegungen, die gegen Fluchtursachen in Westafrika kämpfen, beispielsweise gegen Landraub und die Verwüstungen der Erderhitzung, mit Aktivist:innen aus Bewegungen von Flüchtenden in Nordafrika und antirassistischen Bewegungen in Zentraleuropa.[315] Seit 2009 werden so Proteste von Geflüchteten und Abgeschobenen in Mali, Togo, Burkina Faso, Guinea, Tunesien, Marokko, Deutschland, Österreich und den Niederlanden zusammengeführt. Der politische Kampf der Flüchtenden um Bewegungsfreiheit und Rechte wird mit Kämpfen um selbstbestimmte Entwicklung verbunden. Das Netzwerk schafft zudem transnationale Öffentlichkeit, indem es Bücher und Berichte von Flüchtenden veröffentlicht,[316] Theaterstücke aufführt,[317] Aktivist:innen aus Afrika nach Europa und aus Europa nach Afrika einlädt, Tagungen und Kongresse organisiert und Öffentlichkeit für Kämpfe der Flüchtenden schafft, die nicht im medialen und politischen Fokus stehen.

Diese transnationalen Politiken schaffen ein wichtiges zivilgesellschaftliches Korrektiv zur internationalen Politik, die zwischen ungleichen Staaten verhandelt wird. Politiken der Flucht machen auf die Gewalt aufmerksam, die in internationalen Handelsabkommen, Waffenlieferungen und der Exterritorialisierung von Grenzregimen liegt. Sie klagen Partnerschaften demokratischer Staaten mit autoritären Regimen an. An ihrem Horizont entstehen Formen transnationaler Demokratie, die über die staatlichen Einfassungen der Politik hinweg internationale, transnationale und globale Probleme adressierbar und verhandelbar machen.

Noch sind diese transnationalen Formen von Politik äußerst verletzlich, da sie unter Bedingungen der Gewalt erstritten werden müssen. Sie bringen die Flüchtenden in Gefahr, eingesperrt, abgeschoben,[318] verletzt, getötet, erniedrigt und gedemütigt zu werden. Ohne staatlichen Schutz müssen die Flüchtenden ihre eigenen Institutionen gründen und Öffentlichkeit erstreiten. Währenddessen kämpfen sie mit Problemen der Finanzierung, der Übersetzung und der inneren Widersprüche der Bewegungen. Sie gründen über dem Abgrund, wie ein Boot auf der Grundlosigkeit des Meeres schwimmt. So klein und gefährdet sie auch sein mögen, es sind diese widerständigen Politiken der Flucht, die eine Entgrenzung der globalen Gewalt aufhalten und mutige radikalsolidarische Visionen entwerfen.

## Tausend Archen

Ohne mutige Visionen für alle gibt es keinen Weg aus den vielfachen Krisen des Kapitalismus, die sich immer weiter zuspitzen. Die extreme Rechte hat verstanden, wie prekär die Zeiten sind, und behauptet, die Krisen durch Rassismus, Sexismus und andere gewaltvolle Herrschaftsmechanismen steuern zu können. Anstatt die Verwüstung der menschlichen Lebensgrundlagen zu adressieren, beschränkt sie sich darauf, Grenzen zu schließen, Privilegien zu verteidigen und den Teufelskreis aus Unterdrückung, Vertreibung, Ausbeutung und Enteignung weiter zu beschleunigen. Doch der gewaltvolle Ausschluss, das Töten und Sterbenlassen können die Ursachen der Krisen nicht bekämpfen. Es braucht nicht viel Fantasie, um zu erkennen, dass der rechtsextreme Kreis der Auserwählten schon in naher Zukunft sehr klein werden würde. Die faschistoiden und radikalisiert konservativen Bewegungen, die mit rassistischen Flüchtlingspolitiken Fahrt aufnehmen, drohen in autoritär-neoliberale und neofaschistische Gewaltregime zu führen.[319]

Fluchtbewegungen werden oft als Vorboten einer möglichen Zukunft der Menschheit verstanden. In diesem Sinn stehen sie für die gewaltvollen Folgen der multiplen Krisen und zeigen den Bürger:innen schonungslos auf, wie schnell sie ohnmächtige Staatlinge oder nacktes Humankapital werden könnten. Fluchtbewegungen zeigen aber auch, dass es jenseits der Verdrängung der Krisen durch Paternalismus und Rassismus die Möglichkeit gibt, inmitten des Desasters handlungsfähig zu bleiben. Die Flüchtenden wissen, dass die vielfachen Krisen im globalen Süden längst in den Kollaps gekippt sind.[320] Fluchtbewegungen fordern deshalb gemeinsam mit vielen anderen sozialen Bewegungen radikale Lösungen.

Auch wenn es momentan schwerfällt, daran zu glauben: Die anstehenden Transformationen könnten gewaltfrei oder zumindest gewaltarm und das bedeutet radikaldemokratisch moderiert werden. Dafür dürfen die Krisen aber nicht mehr verdrängt, sondern müssen konfrontiert werden. Sozialdemokratische und neoliberale Verzögerungstaktiken und Verteidigungen der Privilegien der Gesellschaften des globalen Nordens werden die rechtsextreme Welle nicht aufhalten, die um den Globus schwappt. Das kann nur gelingen, wenn Europa seine Nabelschau beendet: Anstatt sich der rechtsextremen Migrationspanik hinzugeben, muss es Verantwortung für seine Geschichte und die daraus entstandene gewaltvolle Ordnung der Welt übernehmen. Es muss seine Privilegien und seine Gewaltgeschichte reflektieren und mutig Ideen für eine Welt jenseits der Verwüstungen des Kapitalismus und der Gewalt der Staatsgrenzen entwickeln.

Oft wurde die biblische Exodusgeschichte herangezogen, um Umbrüche im revolutionären Maßstab zu bebildern. Für die Politiken der Flucht findet der Historiker Robin Kelley eine passendere Metapher: »Noahs Arche aus dem Buch Genesis könnte die Exodusgeschichte als am häufigsten verwendete Fluchtanalogie abgelöst haben.«[321] Die Boote der Flüchtenden sind, wie die Schiffe der Seenotretter:innen, Archen, die die Überlebenden nach der Verwüstung ihrer Welt einsammeln. Im stürmischen Meer der Gewalt stemmen sie sich gegen den Untergang. Nicht das Lager, das Boot ist das Paradigma der Flucht. Inmitten des kapitalistischen Kollapses und der rassistischen Gewalt stehen Fluchtbewegungen für radikale Solidarität, die Abschaffung der Grenzen, globale Gemeingüter und transnationale Demokratie ein und bewahren so die Möglichkeit einer Zukunft für alle.

# DANK

Danke an Ruth Sonderegger für die zuverlässige, einfühlsame, inhaltlich präzise, inspirierende und freilassende Betreuung meiner Doktorarbeit, die Grundlage dieses Buchs ist. Danke an die Österreichische Akademie der Wissenschaften für das Doc-Stipendium und an die Akademie der bildenden Künste Wien für das Abschlussstipendium. Danke an den Bund Sozialdemokratischer Akademiker:innen, der meine Arbeit mit dem Dr. Caspar Einem Preis ausgezeichnet hat. Außerdem möchte ich mich für die Möglichkeit bedanken, Teile der Arbeit auf Konferenzen in Oldenburg, Bozen, Göteborg und Berlin, in den Forschungsseminaren von Ruth Sonderegger und Oliver Marchart und bei Tagungen des kritnet vorstellen zu können. Danke an all die Studierenden aus meinen Seminaren in Wien, mit denen ich Grundlagentexte diskutieren durfte. Danke an Andreas Oberprantacher für Ideen, Einladungen und die Wertschätzung. Danke an das Team der Zeitschrift *engagée* und das Kollektiv philosophy unbound: Ohne euch hätte ich die Doktorarbeit nicht fertigbekommen. Danke an Aenne Glienke für ihr Vertrauen und die Geduld, den richtigen Verlag zu finden. Danke an alle, die daran geglaubt haben, dass ich dieses Buch schreiben kann: an meine Mutter und Geschwister, Börries Hornemann, Max Hoffmann, Philip Heckhausen, Rahel Süß, Valerie Scheibenpflug, Kilian Jörg, Jens Kastner und Leonard Call.

Danke an August und Bela, die mir die Konzentration auf das Wesentliche beigebracht und der Arbeit Sinn gegeben haben. Und vor allem danke ich Hannah Heckhausen, die mich durch all die Höhen und Tiefen meines Doktorats begleitet hat und ohne die all das nicht möglich gewesen wäre.

# ANMERKUNGEN

1 Eva von Redecker: *Revolution für das Leben. Philosophie der neuen Protestformen*, Frankfurt am Main 2020.

2 Katja Kipping: *Wer flüchtet schon freiwillig? Die Verantwortung des Westens oder Warum sich unsere Gesellschaft neu erfinden muss*, Frankfurt am Main 2016.

3 Étienne Balibar: *Sind wir Bürger Europas? Politische Integration, soziale Ausgrenzung und die Zukunft des Nationalen*, Hamburg 2003.

4 Immanuel Kant: *Zum ewigen Frieden und Auszüge aus der Rechtslehre*, Berlin 2011.

5 Ida Danewid: ›White Innocence in the Black Mediterranean: Hospitality and the Erasure of History‹, in: *Third World Quarterly 38*, Nr. 7 (2017), S. 1674–1689.

6 Hannah Arendt: *Elemente und Ursprünge totaler Herrschaft. Antisemitismus. Imperialismus. Totale Herrschaft*, München 1991, S. 583.

7 Peter Gatrell: *The making of the modern refugee*, Oxford 2015, S. 3.

8 Michael Robert Marrus: *Die Unerwünschten. Europäische Flüchtlinge im 20. Jahrhundert*, Berlin 1999, S. 15.

9 John Torpey: *The invention of the passport: surveillance, citizenship, and the state*, Cambridge/New York 2000.

10 Benedict R. O'G Anderson: *Imagined Communities: Reflections on the Origin and Spread of Nationalism*, London/New York 2016.

11 Immanuel Maurice Wallerstein: *Das moderne Weltsystem II. Der Merkantilismus. Europa zwischen 1600 und 1750*, Wien 2012.

12 Dabei gelang der Übergang vom Reich zum Staat nie vollständig und er erfolgte auch nicht linear, wie beispielsweise die Großreichbestrebungen zeigen, die den Nationalismus auch im 20. Jahrhundert zu neuen Reichsgründungen trieben und das bis heute tun.

13 Es ist kein Zufall, dass die Entwicklung des Wohlfahrtsstaats mit dem Schließen der Frontier und der Nationalstaatsbildung einherging.

14 Hannah Arendt: *Elemente und Ursprünge totaler Herrschaft*, a.a.O., S. 594.

15 Ebd., S. 559.

16 Michael Robert Marrus: *Die Unerwünschten*, a.a.O., S. 106.

17 Hannah Arendt: *Elemente und Ursprünge totaler Herrschaft*, a.a.O., S. 597.

18 Bertolt Brecht: *Flüchtlingsgespräche*, Frankfurt am Main 2014, S. 7.

19 Wulf D. Hund: *Rassismus*, Bielefeld 2007, S. 120.

20 Pankaj Mishra hat das Gleichheitsversprechen der Moderne auf die Produktion von Ressentiments wie Neid, Eifersucht und Minderwertigkeitskomplexe und auf die dadurch befeuerten rassistischen Ideologien hin untersucht und ist in den ›verspäteten Nationen‹ fündig geworden: Italien, Deutschland, Russland und Indien. Der Rassismus, der häufig nationalistische Töne besitze, werde in den jeweiligen Nationalgeschichten oftmals durch einen Vergleich mit den vermeintlich weiter entwickelten Ländern des Westens entwickelt. Dabei richteten sich diese fortschrittlichen Rassismen immer in zwei Richtungen aus: einmal nach vorne und da biete sich die Abwertung der Französ:innen, Engländer:innen oder Amerikaner:innen genauso an wie der Antisemitismus, der das Feindbild von jüdischen Weltverschwörungen oder von Jüd:innen als städtische (Finanz-)Kapitalist:innen entwerfen

werde. Gleichzeitig richte sich der modernistische Rassismus zurück: Es seien dann die Minderheiten im eigenen Land oder die Kolonialisierten, denen gegenüber die eigene Fortschrittlichkeit behauptet werden müsse. Beides ließe sich mit einem kulturellen oder nationalistischen Exzeptionalismus tun, mit nationalistischen Opfermythen und mit rassistischen Aufwertungen der eigenen Nationalität. Pankaj Mishra: *Das Zeitalter des Zorns. Eine Geschichte der Gegenwart,* Frankfurt am Main 2017, S. 80.

21 Anne Norton: ›Heart of Darkness: Africa and African Americans in the Writing of Hannah Arendt‹, in: Bonnie Honig (Hrsg.): *Feminist Interpretations of Hannah Arendt,* University Park, PA 1995.

22 Hannah Arendt: *Elemente und Ursprünge totaler Herrschaft,* a.a.O., S. 407.

23 Ebd., S. 26.

24 Cedric J. Robinson: *Black Marxism: The Making of the Black Radical Tradition,* London 2021, S. 67.

25 Hannah Arendt: *Elemente und Ursprünge totaler Herrschaft,* a.a.O., S. 603.

26 Hannah Arendt: ›Es gibt nur ein einziges Menschenrecht‹, in: *Die Wandlung,* Nr. 4 (1949), S. 754–770.

27 Ebd., S. 760.

28 Hannah Arendt: *Elemente und Ursprünge totaler Herrschaft,* a.a.O., S. 601.

29 B. Traven: *Das Totenschiff,* Frankfurt am Main 1983.

30 Hannah Arendt: ›We refugees‹, in: *Altogether elsewhere: writers on exile,* hrsg. von Marc Robinson, Winchester, MA 1994, S. 119.

31 Michael Robert Marrus: *Die Unerwünschten,* a.a.O., S. 197.

32 Hannah Arendt: *Elemente und Ursprünge totaler Herrschaft,* a.a.O., S. 623.

33 Ebd., S. 921.

34 Ebd., S. 930.

35 Ebd., S. 935.

36 Ebd., S. 934.

37 Ebd., S. 625.

38 Stuart Hall/Charles Critcher/Toni Jefferson/John Clarke/Brian Roberts: *Policing the crisis: mugging, the state, and law and order,* London 1978, S. 3.

39 Johannes Siegmund: *Wir Zukunftslosen,* Wien/Hamburg 2022.

40 Giorgio Agamben: *Homo sacer. Die souveräne Macht und das nackte Leben,* Frankfurt am Main 2002; Hannah Arendt: ›We refugees‹, a.a.O.

41 Bertolt Brecht: *Flüchtlingsgespräche,* a.a.O., S. 7.

42 Daniel Loick: *Der Missbrauch des Eigentums,* Berlin 2016, S. 73.

43 Marx erwähnt zudem den Raubbau an der Natur und den Kolonialismus als Startpunkte der Kapitalakkumulation.

44 Rosa Luxemburg: *Die Akkumulation des Kapitals. Ein Beitrag zur ökonomischen Erklärung des Imperialismus,* Berlin 1975, S. 314.

45 Die Kolonien waren Abnehmer für Überproduktion und angehäuftes Kapital aus Europa und zudem Auffangbecken für überflüssig gemachte Menschen. Flüchtlinge, Gefangene, Minderheiten und allerlei andere marginalisierte Gruppen wurden in die Kolonien abgeschoben oder flohen dorthin mit der vagen Hoffnung auf ein neues Leben. Der Mythos von der Strafkolonie rückt diese Abschiebe- und Fluchtpraxen in ein seltsames Licht und suggeriert, dass diese kriminalisierten Flüchtenden alle unsoziale Verbrecher:innen gewesen wären. Vielmehr entledigten sich die Machtzentren in Europa ihrer sozialen Probleme, indem sie die Pauperisierten und sozial Exkludierten in die Kolonien abschoben. Aus Wien wurde beispielsweise donauabwärts ins heutige Rumänien abgeschoben, aus England nach Australien und Tasmanien.

46 Rosa Luxemburg: *Akkumalation,* S. 315.

47 Hannah Arendt: *Elemente und Ursprünge totaler Herrschaft,* a.a.O., S. 339.

48 Hannah Arendt: *Vita activa oder Vom tätigen Leben*, München 2007.

49 Ayten Gündogdu: *Rightlessness in an age of rights: Hannah Arendt and the contemporary struggles of migrants*, Oxford/New York 2015, S. 127.

50 Jan Lucassen/Leo Lucassen (Hrsg.): *Migration, Migration History, History: Old Paradigms and New Perspectives*, Bern/Berlin/Frankfurt am Main/Wien 2005.

51 Marcus Rediker/Titas Chakraborty/Matthias van Rossum: *A Global History of Runaways: Workers, Mobility, and Capitalism 1600–1850*, Oakland 2019.

52 Serhat Karakayalı: *Gespenster der Migration. Zur Genealogie illegaler Einwanderung in der Bundesrepublik Deutschland*, Bielefeld 2008, S. 69.

53 Silvia Federici: *Caliban und die Hexe. Frauen, der Körper und die ursprüngliche Akkumulation*, Wien 2015, S. 40.

54 Thomas Nail: *The figure of the migrant*, Stanford 2015, S. 145.

55 Silvia Federici: *Caliban und die Hexe*, a.a.O., S. 65.

56 Ebd., S. 45.

57 Ebd., S. 47.

58 Karl Marx/Friedrich Engels: *Das Kapital. Kritik der politischen Ökonomie*, Bd. I, Berlin 2008, S.744.

59 Peter Linebaugh/Marcus Rediker: *The Many-Headed Hydra: The Hidden History of the Revolutionary Atlantic*, London 2012, S. 49.

60 Michel Foucault: *Überwachen und Strafen. Die Geburt des Gefängnisses*, Frankfurt am Main 2016.

61 Silvia Federici: *Caliban und die Hexe*, a.a.O., S. 167.

62 Peter Linebaugh/Marcus Rediker: *The Many-Headed Hydra*, a.a.O., S. 104.

63 Richard Price (Hrsg).: *Maroon societies: rebel slave communities in the Americas*, Baltimore, MD 1996; Erin Mackie: ›Welcome the Outlaw: Pirates, Maroons, and Caribbean Countercultures‹, in: *Cultural Critique*, Nr. 59 (2005), S. 24–62.

64 Daniel O Sayers: *Desolate Place for a Defiant People: The Archaeology of Maroons, Indigenous Americans, and Enslaved Laborers in the Great Dismal Swamp*, Gainesville 2016.

65 Marcus Rediker: *Villains of All Nations: Atlantic Pirates in the Golden Age*, Boston 2010; Peter Linebaugh/Marcus Rediker: *The Many-Headed Hydra*, a.a.O.

66 Philipp Ther: *Die Außenseiter. Flucht, Flüchtlinge und Integration im modernen Europa*, Berlin 2017, S. 33.

67 Diese religiösen Vertreibungen mochten für die zentralistischen und absolutistischen Machthaber:innen kurzfristige Machtgewinne bedeuten, sei es durch den Raub ihres Eigentums oder durch die Schwächung einer bürgerlichen Schicht. Auf längere Sicht schwächten die Vertreibungen die Reiche allerdings kulturell und wirtschaftlich, was sich exemplarisch am Beispiel der Vertreibung der Muslim:as und Jüd:innen aus Spanien zeigen ließe.

68 Philipp Ther: *Die Außenseiter*, a.a.O., S. 42.

69 Susanne Lachenicht: ›Refugees and Refugee Protection in the Early Modern Period‹, in: *Journal of Refugee Studies* 30, Nr. 2 (2017) S. 273.

70 Alexander Schunka: ›Konfession und Migrationsregime in der Frühen Neuzeit‹, in: *Geschichte und Gesellschaft* 35, Nr. 1 (2009), S. 56.

71 Ebd., S. 31.

72 Ebd., S. 57.

73 Edward W. Said: *Orientalism*, New York 1979.

74 Philipp Ther: *Die Außenseiter*, a.a.O., S. 179.

75 Ausnahmen sind die Flucht der Royalist:innen vor der Amerikanischen Revolution und der Anhänger:innen des Ancien Régimes vor der Französischen. Hier waren laut Philipp Ther 60 000 und aus Frankreich 150 000 Menschen auf der Flucht.

76 Philipp Ther: *Die Außenseiter*, a.a.O., S. 278.

77 Ebd., S. 14.

78 Ebd., S. 203.
79 Thomas Nail: *The figure of the migrant*, a.a.O., S. 162.
80 Ebd., S. 159.
81 Mike Davis: *Die Geburt der Dritten Welt. Hungerkatastrophen und Massenvernichtung im imperialistischen Zeitalter*, Berlin 2019.
82 Ranajit Guha (Hrsg.): *A Subaltern studies reader, 1986–1995*, Minneapolis 1997.
83 Immanuel Maurice Wallerstein: *Die Anfänge kapitalistischer Landwirtschaft und die europäische Weltökonomie im 16. Jahrhundert*, Wien 2004, S. 99.
84 Walter Fähnders/Henning Zimpe (Hrsg.): *Die Epoche der Vagabunden. Texte und Bilder 1900–1945*, Essen 2009.
85 Peter Linebaugh/Marcus Rediker: *The Many-Headed Hydra*, a.a.O.
86 Luc Folliet: *Nauru, die verwüstete Insel. Wie der Kapitalismus das reichste Land der Erde zerstörte*, Berlin 2016, S. 41.
87 Behrouz Boochani/Omid Tofighian: *No Friend but the Mountains: The True Story of an Illegally Imprisoned Refugee*, London 2019.
88 Sonja Buckel: ›Dirty Capitalism‹, in: *Perspektiven und Konstellationen kritischer Theorie*, hrsg. von Dirk Martin/Susanne Martin/Jens Wissel, Münster 2015, S. 29–48.
89 Kapitalismus und Gewalt sind von Beginn an verbunden. Das ist aus einer privilegierten Perspektive vielleicht zunächst kontraintuitiv. Die Gewalt rechnet sich nicht, könnte eingewendet werden. Und ist nicht der Kapitalismus die Herrschaft des Verstandes und der Zahlen, des Geldes und der Buchführung? Diese Kritik des verständigen Kapitalismus fasst exakt den Punkt, an dem die bürgerliche Sentimentalkritik der Moderne an ihre Grenzen stößt. Mit Georg Simmel und vielen anderen ließe sich die Rationalisierung und die Gleichmacherei des Geldes beklagen oder der Verlust des Gemüts in der Großstadt, was erlaubt, die Moderne mit einer romantischen Hirtenmelodie zu begleiten. Wer weniger melancholisch und eher progressiv ist, kann die These vom verständigen Kapitalismus auch positiv wenden: Dann kann behauptet werden, dass die Gleichmacherei des Geldes letztlich in die Demokratie führen würde, allemal aber zu Wohlstand. Diese romantischen und progressiven Auslegungen der Moderne verdrängen, dass der Kapitalismus nicht nur Ideologie des Verstandes, des Marktes und des Geldes, sondern zuallererst ein soziales Verhältnis ist, und dieses ist nicht per se demokratisch, gleichmachend und rational, sondern von vielfältigen Formen der Gewalt gekennzeichnet.
90 Frederick Jackson Turner: *The Frontier in American History*, New York 2015.
91 John Locke: *Zwei Abhandlungen über die Regierung*, Frankfurt am Main 2017, S. 216.
92 Carl Schmitt: *Der Nomos der Erde im Völkerrecht des Jus Publicum Europaeum*, Berlin 1988, S. 15.
93 Patricia Purtschert: ›Jenseits des Naturzustandes. Eine postkoloniale Lektüre von Hobbes und Rousseau‹, in: *Deutsche Zeitschrift für Philosophie. Zweimonatsschrift der internationalen philosophischen Forschung* 60, Nr. 6 (2012), S. 872.
94 Greg Grandin: *The End of the Myth: From the Frontier to the Border Wall in the Mind of America*, New York 2019.
95 Karl Marx: *Grundrisse der Kritik der politischen Ökonomie*, Frankfurt am Main 1967, S. 311.
96 Raj Patel/Jason W. Moore: *A history of the world in seven cheap things: guide to capitalism, nature, and the future of the planet*, Berkeley 2017, S. 18.
97 Der Begriff der Frontier lässt sich auch subversiv wenden, wenn die Perspektive der Menschen eingenommen wird, die in den Frontiers leben. Die Aktivistin, Dichterin und Theoretikern Gloria Anzaldúa spricht in diesem Sinn von *borderlands* und ihre Bewohner:innen und kehrt die Logik der

Frontier subversiv um. Es ist dann nicht die Kolonisator:in, die an der Frontier durch imaginierte Wildnis und Natur bedroht wäre. Vielmehr sind es die Grenzbewohner:innen, deren Heimat zerstört und deren prekäres Leben von staatlichen und ökonomischen Institutionen bedroht wird. Die Grenzbewohner:in ist deshalb bei Anzaldúa immer schon Flüchtende, und das unbekannte und gefährliche Terrain sind die aufgerüsteten Grenzlandschaften. Entscheidend ist hier die Umkehr der Perspektive. Es ist eben nicht die Zentralperspektive des Staates, die den Begriff der Frontier als einen Übergang von Zivilisation zur Wildnis bestimmt, sondern vielmehr die Subversion dieses Begriffs durch die von ihm Unterdrückten, die das gefährdete Leben in *la frontera* zum Ausgangspunkt der Grenzlandschaft macht. Es gilt also, die Frontier nicht durch die Augen der westlichen Expansion zu sehen, sondern ausgehend von all den Grenzbewohner:innen, die in ihr leben und sterben, enteignet werden und sie sich aneignen, in der sie kämpfen, untertauchen, durch die sie reisen und sie so mitgestalten. Die Frontier befindet sich dann nicht mehr nur am Rand von Imperien, sondern öffnet sich überall dort, wo Menschen gewaltsam enteignet, wo Gemeingüter geraubt werden, wo die rassistische Unterdrückung von Minderheiten politische, kulturelle, soziale und ökonomische Ausbeutung ermöglicht. Gloria Anzaldúa: *Borderlands: La Frontera: The New Mestiza*, San Francisco 2012, S. 35.

98 Greg Grandin: *The End of the Myth*, a.a.O.

99 Sandro Mezzadra/Brett Neilson: *Border as Method, Or, the Multiplication of Labor*, Durham 2013, S. 67.

100 Elmar Altvater/Birgit Mahnkopf: *Grenzen der Globalisierung. Ökonomie, Ökologie und Politik in der Weltgesellschaft*, Münster 1997; David Harvey: *The new imperialism*, Oxford/New York 2005; Klaus Dörre: ›Landnahme, das Wachstumsdilemma und die ‚Achsen der Ungleichheit'‹, in: *Berliner Journal für Soziologie* 22, Nr. 1 (2012), S. 101–128; Silvia Federici: *Re-enchanting the world: feminism and the politics of the commons*, Oakland 2019; Maria Mies/Vandana Shiva: *Ökofeminismus: Die Befreiung der Frauen, der Natur und unterdrückter Völker. Eine neue Welt wird geboren*, Neu-Ulm 2016; David Moore: ›The Second Age of the Third World: From Primitive Accumulation to Global Public Goods?‹, in: *Third World Quarterly* 25, Nr. 1 (2004), S. 87–109.

101 Jan-Philipp Scholz: *Menschenhandel, Migrationsbusiness und moderne Sklaverei. Menschen gefangen zwischen afrikanischen Herkunftsländern und europäischen Staaten*, Frankfurt am Main 2019.

102 Silvia Federici: *Re-enchanting the world*, a.a.O., S. 41.

103 Adom Getachew: *Worldmaking after Empire: The Rise and Fall of Self-Determination*, Princeton 2019.

104 Tom Burgis: *The Looting Machine: Warlords, Tycoons, Smugglers and the Systematic Theft of Africa's Wealth*, New York 2016.

105 Saskia Sassen: *Ausgrenzungen. Brutalität und Komplexität in der globalen Wirtschaft*, Frankfurt am Main 2015, S. 93.

106 Ebd., S. 134.

107 Silvia Federici: *Re-enchanting the world*, a.a.O., S. 13.

108 Saskia Sassen: *Ausgrenzungen*, a.a.O., S. 105.

109 Ebd., S. 109.

110 Ebd.

111 Timothy Mitchell: *Carbon democracy: political power in the age of oil*, London 2013, S. 5.

112 Tom Burgis: *The Looting Machine*, a.a.O.

113 Ebd., S. 5.

114 Saskia Sassen: *Ausgrenzungen*, a.a.O., S. 116.

115 Ebd., S. 136.
116 Bruno Latour: *Das terrestrische Manifest*, Berlin 2018, S. 36.
117 Nick Estes: *Our History Is the Future: Standing Rock versus the Dakota Access Pipeline, and the Long Tradition of Indigenous Resistance*, London/New York 2019.
118 Johan Rockström u. a.: ›A Safe Operating Space for Humanity‹, in: *Nature* 461, Nr. 7263 (2009), S. 472.
119 Jason W. Moore: ›The Capitalocene, Part I: on the nature and origins of our ecological crisis‹, in: *The Journal of Peasant Studies* 44, Nr. 3 (2017), S. 594–630; Jason W. Moore: ›The Capitalocene Part II: Accumulation by Appropriation and the Centrality of Unpaid Work/Energy‹, in: *The Journal of Peasant Studies* 45, Nr. 2 (2018), S. 237–279.
120 Jason W. Moore (Hrsg.): *Anthropocene or capitalocene? Nature, history, and the crisis of capitalism*, Oakland 2016.
121 Jason W. Moore: *Capitalism in the web of life: ecology and the accumulation of capital*, New York 2015.
122 Jason W. Moore/Raj Patel: *Entwertung. Eine Geschichte in sieben billigen Dingen*, Reinbek 2018.
123 Dario Padovan/Alfredo Alietti: ›Geo-capitalism and global racialization in the frame of Anthropocene‹, in: *International Review of Sociology 29*, Nr. 2 (2019), S. 179.
124 Ulrich Brand/Markus Wissen: *Kapitalismus am Limit. Öko-imperiale Spannungen, Transformationskämpfe und sozialistische Perspektiven*, München 2024.
125 Matthias Quent/Christoph Richter/Axel Salheiser: *Klimarassismus. Der Kampf der Rechten gegen die ökologische Wende*, München 2022; Farhana Sultana: ›The Unbearable Heaviness of Climate Coloniality‹, in: *Political Geography 99* (2022), S. 1026–1038; Johannes Siegmund: *Klimasolidarität – Verteidigung einer Zukunft für alle*, Graz/Wien/Berlin 2023.
126 Willie Jamaal Wright: ›As Above, So Below: Anti-Black Violence as Environmental Racism‹, in: *Antipode* 58, Nr. 3, (2018), S. 791–809; Laura Pulido: ›Geographies of Race and Ethnicity II: Environmental Racism, Racial Capitalism and State-Sanctioned Violence‹, in: *Progress in Human Geography* 41, Nr. 4 (2017), S. 524–533.
127 Naomi Klein: *Warum nur ein Green New Deal unseren Planeten retten kann*, Hamburg 2020, S. 169.
128 Ebd., S. 187.
129 Essam E. Hinnawi: *Environmental refugees*, Nairobi 1985.
130 Romain Felli: ›Managing Climate Insecurity by Ensuring Continuous Capital Accumulation: 'Climate Refugees' and 'Climate Migrants'‹, in: *New Political Economy 18*, Nr. 3 (2013), S. 337.
131 Andrew Baldwin: ›Racialisation and the Figure of the Climate-Change Migrant‹, in: *Environment and Planning A 45*, Nr. 6 (2013), S. 481.
132 Romain Felli: ›Managing Climate Insecurity‹, a.a.O., S. 338.
133 Daniel Faber/Christina Schlegel: ›Give Me Shelter from the Storm: Framing the Climate Refugee Crisis in the Context of Neoliberal Capitalism‹, in: *Capitalism Nature Socialism 28*, Nr. 3 (2017), S. 3.
134 Andrew Baldwin: ›Racialisation‹, a.a.O., S. 474.
135 Neel Ahuja: *Planetary Specters: Race, Migration, and Climate Change in the Twenty-First Century*, Chapel Hill 2021; Benjamin Schraven: *›Klimamigration.‹ Wie die globale Erwärmung Flucht und Migration verursacht*, Bielefeld 2023.
136 Kathryn Yusoff: *A Billion Black Anthropocenes or None*, Minneapolis 2018.
137 Déborah Danowski/Eduardo Batalha Viveiros de Castro: *The Ends of the World*, Malden/Cambridge, MA 2017, S. 104.
138 Walter Rodney: *How Europe underdeveloped Africa*, London/New York 2018.

139 Déborah Danowski/Eduardo Batalha Viveiros de Castro: *The Ends of the World*, a.a.O., S. 107.
140 Joseph A. Schumpeter: *Kapitalismus, Sozialismus und Demokratie*, Tübingen/Basel 2005, S. 138.
141 Silvia Federici: *Caliban und die Hexe*, a.a.O., S. 25.
142 Ulrich Brand/Markus Wissen: *Imperiale Lebensweise. Zur Ausbeutung von Mensch und Natur im globalen Kapitalismus*, München 2017, S. 14.
143 Aimé Césaire: *Über den Kolonialismus*, Berlin 2017, S. 29.
144 Saskia Sassen: *Ausgrenzungen*, a.a.O., S. 8.
145 Out of the Woods Collective (Hrsg.): *Hope against hope: writings on ecological crisis*, Brooklyn 2020, S. 5.
146 Rob Nixon: *Slow violence and the environmentalism of the poor*, Cambridge, MA, 2011, S. 2.
147 Stephen Castles: ›Global Perspectives on Forced Migration‹, in: *Asian and Pacific Migration Journal 15*, Nr. 1 (2006), S. 2.
148 Hannah Arendt: *Elemente und Ursprünge totaler Herrschaft*, a.a.O., S. 612; Zygmunt Bauman: *Verworfenes Leben. Die Ausgegrenzten der Moderne*, Hamburg 2006.
149 Thomas Winfried Menko Pogge: *World poverty and human rights*, Cambridge 2008, S. 2.
150 Michael J. Puma u. a.: ›A Developing Food Crisis and Potential Refugee Movements‹, in: *Nature Sustainability 1*, Nr. 8 (2018). S. 380–382.
151 Roberto Patricio Korzeniewicz/Timothy Patrick Moran: *Unveiling inequality: a world-historical perspective*, New York 2009, S. 115.
152 Saskia Sassen: *Expulsions: Brutality and Compexity in the Global Economy*, Cambridge, MA 2014; Joseph-Achille Mbembe: *Kritik der schwarzen Vernunft*, Berlin 2017, S. 18.
153 William Still: *The Underground Railroad records: narrating the hardships, hairbreadth escapes, and death struggles of the slaves in their efforts for freedom*, New York 2019, S. 56.
154 Ulrich Brand/Markus Wissen: *Imperiale Lebensweise*, a.a.O., S. 174.
155 Ruth Gruber: *Die Irrfahrt der Exodus. Eine Augenzeugin berichtet*, Zürich 2002.
156 Hannah Arendt: *Vita activa oder Vom tätigen Leben*, a.a.O., S. 18.
157 Hannah Arendt: ›We refugees‹, a.a.O.
158 Ebd., S. 110.
159 Hannah Arendt: *Vor Antisemitismus ist man nur noch auf dem Monde sicher. Beiträge für die deutsch-jüdische Emigrantenzeitung ›Aufbau‹ 1941–1945*, München 2019.
160 Francesca Raimondi: ›Prekäre Politik. Hannah Arendt zur Flüchtlingsfrage‹, in: *HannahArendt.net, Zeitschrift für politisches Denken 8*, Nr. 1 (2016).
161 Samuel Willenberg: *Treblinka. Lager, Revolte, Flucht, Warschauer Aufstand*, Münster 2018.
162 Richard L. Rashke: *Flucht aus Sobibor*, Wien 2017; Thomas Toivi Blatt: *Sobibór. Der vergessene Aufstand*, Münster 2004.
163 Sandro Mezzadra: ›Autonomie der Migration – Kritik und Ausblick, eine Zwischenbilanz‹, in: *grundrisse, zeitschrift für linke theorie & debatte*, Nr. 34 (2010).
164 Julia Schulze Wessel: *Grenzfiguren. Zur politischen Theorie des Flüchtlings*, Bielefeld 2017, S. 20.
165 Ebd., S. 87.
166 Madjiguène Cissé: *Papiere für alle. Die Bewegung der Sans Papiers in Frankreich*, Berlin 2002.
167 Ähnlich wie in Frankreich kam es 2002 auch in Italien zu Massenbewegungen gegen die Verschärfungen des Einwanderungsrechts durch das

sogenannte Bossi-Fini-Gesetz, das den Aufenthaltsstatus an den Arbeitsvertrag bindet.

168 Christian Jakob: *Die Bleibenden. Wie Flüchtlinge Deutschland seit 20 Jahren verändern,* Berlin 2016, S. 185.

169 Ebd., S. 27.

170 Sheila Benhabib, Ayten Gündogdu, Étienne Balibar, Bonnie Honig, Engin Isin und Jacques Rancière haben die Kämpfe um das Recht, Rechte zu haben, aus radikaldemokratischen Perspektiven ausgehend von den Politiken der Flüchtenden theoretisiert.

171 Auch wenn die meisten Politiken der Flüchtenden gewaltfrei sind, schreibe ich von Kämpfen, um darauf hinzuweisen, dass Politik unter den Bedingungen der Flucht oft in Verhältnissen von Herrschaft und Gewalt stattfindet und das Überleben selbst auf dem Spiel steht. Diese Umstände fordern Begriffe, die über das deliberative Vokabular hinausgehen.

172 Étienne Balibar: *Sind wir Bürger Europas? Politische Integration, soziale Ausgrenzung und die Zukunft des Nationalen,* Hamburg 2003, S. 97.

173 Étienne Balibar: *Die Grenzen der Demokratie,* Hamburg 1993, S. 111.

174 Hannah Arendt: *Über die Revolution,* München 2019, S. 75.

175 Ebd., S. 36.

176 Étienne Balibar: *Sind wir Bürger Europas?,* a.a.O., S. 171.

177 Étienne Balibar/Immanuel Maurice Wallerstein: *Rasse, Klasse, Nation. Ambivalente Identitäten,* Hamburg 2019, S. 23.

178 Étienne Balibar: *Sind wir Bürger Europas?,* a.a.O., S. 189.

179 Ebd., S. 171.

180 Robin Celikates: ›Die Demokratisierung der Demokratie. Étienne Balibar über die Dialektik von konstituierender und konstituierter Macht‹, in: *Das Politische denken,* hrsg. von Ulrich Bröckling/Robert Feustel, Bielefeld 2010, S. 63.

181 Étienne Balibar: *Die Grenzen der Demokratie,* a.a.O., S. 142.

182 Polly Pallister-Wilkins: ›Saving the Souls of White Folk: Humanitarianism as White Supremacy‹, in: *Security Dialogue 52,* Nr. 1, (2021), S. 98–106; Mariangela Palladino/Agnes Woolley: ›Migration, Humanitarianism, and the Politics of Salvation‹, in: *Lit: Literature Interpretation Theory 29,* Nr. 2 (2018), S. 129–144.

183 Maurice Stierl: ›A Fleet of Mediterranean Border Humanitarians‹, in: *Antipode 50,* Nr. 3 (2018), S. 704–724; Larissa Fleischmann: *Contested Solidarity: Practices of Refugee Support between Humanitarian Help and Political Activism,* Bielefeld 2020.

184 Maurice Stierl: ›The WatchTheMed Alarm Phone. A Disobedient Border-Intervention‹, in: *movements. Journal for Critical Migration and Border Regime Studies 1,* Nr. 2 (2015).

185 Forschungsgruppe ›Staatsprojekt Europa‹: *Kämpfe um Migrationspolitik. Theorie, Methode und Analysen kritischer Europaforschung,* Bielefeld 2014, S. 187.

186 https://forensic-architecture.org/category/forensic-oceanography, abgerufen am 22.12.2020.

187 In mancher Hinsicht wurde Arendts Forderung nach einem Recht, Rechte zu haben, umgesetzt. Menschenrechte wurden institutionalisiert und werden durch zivile Politiken immer wieder aktualisiert. 1950 wurde im Anschluss an das Nansen-Büro das Hochkommissariat für Flüchtlinge der Vereinten Nationen gegründet. Ursprünglich geplant, um die Millionen von Flüchtlingen nach dem Zweiten Weltkrieg zu versorgen und zu repatriieren, entwickelte es sich zu einem zentralen Akteur im humanitären Feld und in der Flüchtlingspolitik. Die Genfer Flüchtlingskonvention wurde 1951 verabschiedet, um einen internationalen Rahmen zu setzen für die Millionen

von Flüchtlingen, die bis zum Ende des Zweiten Weltkriegs in Europa vertrieben worden waren. 1971 wurde sie ausgeweitet. 143 Staaten haben die UN-Flüchtlingskonvention und ihre Erweiterung unterzeichnet und manche den Schutz von Flüchtlingen sogar im nationalen Recht verankert. Sie ist sicherlich einer der wichtigsten Schritte auf dem Weg zu einem Recht, Rechte zu haben. Viele Staaten und internationale Organisationen haben neben den Konventionsflüchtlingen neue Kategorien geschaffen, um beispielsweise Kriegsflüchtlinge zu schützen oder zumindest die Abschiebung von besonders gefährdeten oder nicht reisefähigen Menschen zu verhindern. Für andere Flüchtende wie Kapitalismusflüchtende fehlt es allerdings an institutioneller Absicherung.

188 Robin Celikates: ›Veränderungen an sich sind immer das Ergebnis von Handlungen außerrechtlicher Natur. Subjektive Rechte, ziviler Ungehorsam und Demokratie nach Arendt‹, in: *RphZ Rechtsphilosophie 3*, Nr. 1 (2017), S. 31.

189 Robin Celikates: ›Ziviler Ungehorsam und radikale Demokratie. Konstitutive vs. konstituierte Macht?‹, in: *Das Politische und die Politik*, Berlin 2010, S. 276.

190 Ausgehend von Aktionen zivilen Ungehorsams, wie dem Tragen von Kopftüchern trotz Verboten, hat auch Sheila Benhabib im Anschluss an Arendt politische und rechtliche Verfahren beschrieben, mit denen eine Demokratisierung der Demokratie immer wieder neu institutionalisiert werden kann. Sie fordert für den Fluchtdiskurs demokratische Debatten, die neue Rechte etablieren, neue Institutionen gründen und so »demokratische Iterationen« anstoßen, in denen die Demokratie ihr Volk beständig neu erfindet. Bei Benhabib liegt der Fokus der Demokratisierung der Demokratie eher auf den Parlamenten und bestehenden Öffentlichkeiten und damit auf geregelten Verfahren, innerhalb derer Konflikte friedlich und diskursiv ausgetragen werden können. Der Konsens und die Vermittlung stehen hier mehr im Fokus als Aufstand, Widerstand und Ungehorsam. Seyla Benhabib: *Die Rechte der Anderen. Ausländer, Migranten, Bürger*, Frankfurt am Main 2008.

191 Étienne Balibar: *Sind wir Bürger Europas?*, a.a.O., S. 98.

192 Ähnlich wie Rancière betont auch Engin Isins Idee von »acts of citizenship« vor allem den Bruch, der durch widerständige, zivile Handlungen die Ordnung und den alltäglichen Ablauf der Dinge stört. Die widerständigen Flüchtenden beginnen neu und erschaffen sich dadurch selbst durch ihre Handlungen. Sie schaffen eine neue Form von »citizenship that is 'yet to come'«. Engin F. Isin/Greg M. Nielsen (Hrsg.): *Acts of citizenship*, London/New York 2008.

193 Jacques Rancière: *Das Unvernehmen: Politik und Philosophie*, Frankfurt am Main 2002, S. 54.

194 Ebd., S. 52.

195 http://moving-europe.org/march-of-hope/, abgerufen am 22.12.2020.

196 Sabine Hess u.a. (Hrsg.): *Der lange Sommer der Migration*, Berlin/Hamburg 2017.

197 Michael Walzer: *Exodus und Revolution*, Frankfurt am Main 1995, S. 17.

198 Wenn Revolutionen nicht ausbrechen wollen oder schnell niedergeschlagen werden, gibt es die Möglichkeit des inneren Aufbruchs und Ausbruchs an Ort und Stelle. Kant erfand dafür den heimlichen Exodus, der sich auch am eigenen Schreibtisch bewerkstelligen lassen sollte: den Ausgang aus der selbstverschuldeten Unmündigkeit. Anschließend an diese innere Flucht in die Freiheit der Gedanken gibt es die innere Auswanderung aus Regimen der Gewalt. Diese Weltflucht lässt sich nur durch Haltungen wie Ironie, Humor und Melancholie durchstehen.

199 Michael Walzer: *Exodus und Revolution*, a.a.O., S. 22.
200 Hannah Arendt: *Über die Revolution*, a.a.O., S. 50.
201 Walzers Aufzählung könnte noch durch das Massaker ergänzt werden, in das die Revolution immer wieder droht zu kippen. Die Gewalt zieht sich wie eine Konstante durch die revolutionären Geschichten und begleitet sie in jeder ihrer Phasen: Ausbruch, Bewegung und Neugründung sind oft mit Pogromen und Genoziden verwoben. Die Unterdrückung und Verfolgung durch den Pharao wiederholen sich wie ein Trauma in der Geschichte vom Tanz ums goldene Kalb. Der neue Bund mit Gott ist gleichzeitig eine Rechtfertigung für den Genozid an den Levit:innen. Die politische Neugründung wird mit Feuer und Blut eingebrannt, werden doch alle im Schlaf erstochen, die sich dem neuen monotheistischen Gesetz nicht beugen wollen.
202 Robin D. G Kelley: *Freedom Dreams: The Black Radical Imagination*, Boston, MA 2008, S. 17.
203 William Still: *The Underground Railroadrecords*, a.a.O., S. 235.
204 Marcus Rediker: *Gesetzlose des Atlantiks. Piraten und rebellische Seeleute in der frühen Neuzeit*, Wien 2017.
205 George Jackson: *Soledad brother: the prison letters of George Jackson*, Chicago 1994.
206 Michelle Koerner: ›Line of Escape: Gilles Deleuze's Encounter with George Jackson‹, in: *Genre 44*, Nr. 2 (2011), S. 157.
207 Angela Y. Davis: *Abolition Democracy: Beyond Empire, Prisons, and Torture*, New York 2005.
208 Harsha Walia: *Border and rule: global migration, capitalism, and the rise of racist nationalism*, Chicago 2021; Sandro Mezzadra: ›Abolitionist vistas of the human. Border struggles, migration and freedom of movement‹, in: *Citizenship Studies* 24, Nr. 4 (2020), S. 424–440; Gabriele Proglio u. a. (Hrsg.): *The Black Mediterranean: Bodies, Borders and Citizenship*, Cham 2021; Gracie Mae Bradley/Luke De Noronha: *Against borders: the case for abolition*, London/New York 2022.
209 Michael Hardt/Antonio Negri: *Empire. Die neue Weltordnung*, Frankfurt am Main 2003; Paolo Virno: *Exodus*, Wien 2010.
210 Yann Moulier-Boutang: ›Europa, Autonomie der Migration, Biopolitik‹, in: *Empire und die biopolitische Wende, die internationale Diskussion im Anschluss an Hardt und Negri*, hrsg. von Marianne Pieper u. a., Frankfurt am Main 2007, S. 170.
211 Michael Hardt/Antonio Negri: *Empire*, a.a.O.; Paolo Virno: *Exodus*, a.a.O.; Michael Hardt/Antonio Negri: *Common Wealth. Das Ende des Eigentums*, Frankfurt am Main 2010; Michael Hardt/Antonio Negri: *Assembly. Die neue demokratische Ordnung*, Frankfurt am Main 2018.
212 Michael Hardt/Antonio Negri: *Common Wealth*, a.a.O.
213 Michael Hardt/Antonio Negri: *Empire*, a.a.O., S. 225.
214 Ebd.; Paolo Virno: *Exodus*, a.a.O., S. 370.
215 Ebd.; Paolo Virno: *Exodus*, a.a.O., S. 225.
216 Stephan Scheel: ›Das Konzept der Autonomie der Migration überdenken?, Yes, Please!‹, in: *Movements, Journal für Kritische Migrations- und Grenzregimeforschung*, Nr. 2 (2015).
217 Dimitris Papadopoulos/Niamh Stephenson/Vassilis Tsianos: *Escape Routes: Control and Subversion in the Twenty-First Century*, London 2008, S. 53.
218 Nikita Dhawan: ›Can the Subaltern Speak German? And Other Risky Questions‹, in: *translate.eipcp.net*, 25.04.2007, http://translate.eipcp.net/strands/03/dhawan-strands01en#redir, abgerufen am 23.03.2017; Gayatri Chakravorty Spivak: *Can the subaltern speak? Postkolonialität und subalterne Artikulation*, Wien 2010; Leon de Kock: ›An Interview with Gayatri Chakravorty Spivak‹,

in: ARIEL: *A Review of International English Literature 23*, Nr. 3 (1992), https://journalhosting.ucalgary.ca/index.php/ariel/article/view/33464; Dipesh Chakrabarty: *Europa als Provinz. Perspektiven postkolonialer Geschichtsschreibung*, Frankfurt am Main 2010.

219 Paolo Virno: *Exodus*, a.a.O., S. 27.

220 Ebd., S. 54.

221 Ebd., S. 27.

222 Hannah Arendt: ›Zur Person‹, im Gespräch mit Günter Gaus, 1964, https://www.youtube.com/watch?v=J9SyTEUi6Kw, abgerufen am 12.02.2024.

223 Paolo Virno: *Grammatik der Multitude: Öffentlichkeit, Intellekt und Arbeit als Lebensformen. Die Engel und der General Intellect: Individuation bei Duns Scotus und Gilbert Simondon*, Wien 2008, S. 97.

224 Hannah Arendt: ›We refugees‹, a.a.O., S. 112.

225 Paolo Virno: *Exodus*, a.a.O., S. 27.

226 Die Theorieintervention der Autonomie der Migration konkretisierte seit dem Ende der 1990er Jahre die philosophischen postoperaistischen Exodustheorien in Bezug auf Migrationsbewegungen und Grenzen. Der Begriff wurde von Yann Moulier-Boutang und Sandro Mezzadra geprägt und dann durch Brett Neilson, Angela Mitropoulos, Dimitris Papadopoulos, Niamh Stephenson, Vassilis Tsianos, Manuela Bojadžijev, Serhat Karakayalı, die Transit-Migration-Gruppe, Nicholas de Genova, Nikos Papastergiadis und viele weitere ausgebaut. Die einzelnen Arbeiten, die sich auf die Autonomie der Migration beziehen, greifen auf verschiedene Disziplinen und Theorien wie Postoperaismus, Regulationstheorie, fortgesetzte ursprüngliche Akkumulation, Migrationsforschung, Ethnografie und Anthropologie, Rassismusforschung, Cultural Studies, politische Theorie und radikale Demokratietheorie zurück und kommen dementsprechend zu recht unterschiedlichen Ergebnissen. Die Projekte der Forschenden reichen von Theorien der Grenze über queere Theorien der Subjektivierung, soziologische und historische Aufarbeitungen migrantischer Politiken seit der Nachkriegszeit bis hin zu ethnografischen Analysen von Grenzregimen und Analysen bestimmter Migrationsbewegungen. Die geografischen Schwerpunkte sind die Grenzen Europas, Australiens und der USA. Ich kann der Autonomie der Migration hier also nicht als Ganzes gerecht werden. Meinen Schwerpunkt lege ich auf die deutschsprachige Theorielinie, auf die Arbeiten zur politischen Theorie und auf die Texte, die den Begriff der Flucht thematisieren.

227 Anstatt den Widerspruch zwischen dem Universalismus des Liberalismus oder der Phänomenologie und der Differenz des Poststrukturalismus und der postkolonialen Studien zu verhandeln, rückten die Exodustheorien die Autonomie ins Zentrum der politischen Überlegungen.

228 Manuela Bojadžijev/Serhat Karakayalı: ›Autonomie der Migration. 10 Thesen zu einer Methode‹, in: *Turbulente Ränder. Neue Perspektiven auf Migration an den Grenzen Europas*, hrsg. von Transit Migration Forschungsguppe, Bielefeld 2007, S. 209.

229 Manuela Bojadžijev/Serhat Karakayalı/Vassilis Tsianos: ›Papers and roses, Die Autonomie der Migration und der Kampf um Rechte‹, in: *Kanak-Attak* (blog), https://www.kanak-attak.de/ka/text/papers.html, abgerufen am 20.12.2020.

230 Regina Römhild: ›Alte Träume, neue Praktiken: Migration und Kosmopolitismus an den Grenzen Europas‹, in: *Turbulente Ränder*, a.a.O., S. 211.

231 Manuela Bojadžijev/Serhat Karakayalı/Vassilis Tsianos: ›Papers and roses, a.a.O.

232 Moritz Siebert/Estephan Wagner/Abou Bakar Sidibé: *Les Sauteurs (Those Who Jump)*, Dokumentation 2016.

233 Heaven Crawley/Simon McMahon/Katharine Jones: ›Victims and Villains: Migrant Voices in the British Media‹, https://pureportal.coventry.ac.uk/en/publications/victims-and-villains-migrant-voices-in-the-british-media-2, Coventry 2016.

234 Grenzen müssen daher immer als ein Zusammenspiel aus Kontrolle und Widerstand, aus Migrationsbewegungen und Grenzbefestigungen verstanden werden. Das Netzwerk Kritische Migrations- und Grenzregimeforschung und sein Journal *Movements*, innerhalb dessen die These von der Autonomie der Migration in Deutschland mehrfach aufgegriffen und weiterentwickelt wurde, gruppieren sich um den Begriff des Grenzregimes. Sie betonen damit die Seite der Kontrolle, der Grenzbefestigungen und Aufrüstungen, der Lager und Biopolitiken stärker als die der Autonomie.

235 Dimitris Papadopoulos/Niamh Stephenson/Vassilis Tsianos, a.a.O., S. 71.

236 Sheri Avraham/Niki Kubaczek: ›Die urbanen Undercommons, Autonomie der Migration und Politik der Nachbar_innenschaft‹, in: *Stadt für alle!*, hrsg. von Heidrun Aigner/Sarah Kumnig, Wien 2018, S. 56–77; Stefano Harney/Fred Moten: *Die Undercommons. Flüchtige Planung und schwarzes Studium*, Wien 2016; Nicos Trimikliniotis/Dimitris Parsanoglou/Vassilis Tsianos: *Mobile commons, migrant digitalities and the right to the city*, London 2015.

237 William Still: *The Underground Railroad records*, a.a.O.

238 George Shulman: ›Fred Moten's Refusals and Consents: The Politics of Fugitivity‹, in: *Political Theory 49*, Nr. 2 (2021), S. 272–313.

239 Stefano Harney/Fred Moten: *Die Undercommons*, a.a.O.

240 Akwugo Emejulu: *Fugitive Feminism*, London 2022; Saidiya V. Hartman: *Wayward Lives, Beautiful Experiments: Intimate Histories of Riotous Black Girls, Troublesome Women, and Queer Radicals*, New York 2020.

241 Paula von Gleich: *The black border and fugitive narration in Black American literature*, Boston 2022, S. 38.

242 Saidiya V. Hartman: *Wayward Lives*, a.a.O.

243 Nandita Sharma: ›Escape Artists: Migrants and the Politics of Naming‹, in: *Subjectivity 29*, Nr. 1 (2009), S. 467.

244 Sunny Omwenyeke: ›Autonomie der Migration, Wo wir in dieser Debatte stehen‹, in: *sunny's blog*, 30.05.2004, http://thecaravan.org/node/31, abgerufen am 16.02.2018.

245 Abimbola Odugbesan/Helge Schwiertz: ›'We Are Here to Stay' – Refugee Struggles in Germany Between Unity and Division‹, in: *Protest Movements in Asylum and Deportation*, hrsg. von Sieglinde Rosenberger/Verena Stern/Nina Merhaut, Cham 2018, S. 185–203.

246 Stephan Scheel: ›Studying Embodied Encounters: Autonomy of Migration beyond Its Romanticization‹, in: *Postcolonial Studies 16*, Nr. 3 (2013), S. 279–288.

247 Dimitris Papadopoulos/Vassilis Tsianos: ›Die Autonomie der Migration. Die Tiere der undokumentierten Mobilität‹, in: *transversal.eipcp.net*, 2008, http://translate.eipcp.net/strands/02/papadopoulostsianos-strands01en?lid=papadopoulostsianos-strands01de#redir.

248 Der Philosoph und Mitgründer der Autonomie der Migration Sandro Mezzadra nahm diese Kritiken am Messianismus und der Romantisierung von Migrationsbewegungen auf und plädierte dafür, die »Ambivalenz der migrantischen Praxen« als theoretischen Ausgangspunkt zu wählen. Er spannt diese Ambivalenz zwischen Theorien auf, die im Anschluss an die Cultural Studies die Handlungsmacht der Migrant:innen und Theorien ins Zentrum stellen, die von der Ausbeutung der Migrant:innen ausgehen. Die ersten, zu denen auch Hardt und Negri gezählt werden können, sähen »Migrant:innen als kulturelle Avantgarde der Gegenwart, als diasporische

Subjekte«. Sie betonen die Handlungsmacht der Flüchtenden und feiern die Hybridität transnationaler Lebensweisen. Die anderen nähmen Vertreibung und Ausbeutung, das tausendfache Sterben an den Grenzen, die strukturellen Zwänge, die Grenzen und die Verfolgung zum Ausgangspunkt. Die Ambivalenz der migrantischen Praxen lässt sich dann ebenso zwischen Negris und Hardts Feiern der Migration und Arendts Untergangsszenarien finden. Der Begriff der Autonomie der Migration hat diese Ambivalenz kaum überzeugend abbilden können. Sandro Mezzadra: ›Autonomie der Migration – Kritik und Ausblick‹, a.a.O.

249 Robin D. G. Kelley: *Freedom Dreams*, a.a.O., S. 32.

250 Paolo Virno: *Grammatik der Multitude*, a.a.O., S. 97.

251 Jane Bennett: *Vibrant matter: a political ecology of things*, Durham 2010.

252 Fahim Amir: *Schwein und Zeit. Tiere, Politik, Revolte*, Hamburg 2018.

253 Isabell Lorey: *Figuren des Immunen: Elemente einer politischen Theorie*, Zürich 2011, S. 309.

254 Benedict R. O'G Anderson: *Imagined Communities*, a.a.O., S. 67.

255 Ulrich Beck/Edgar Grande: ›Jenseits des methodologischen Nationalismus: Außereuropäische und europäische Variationen der Zweiten Moderne‹, in: *Soziale Welt 61*, Nr. 3/4 (2010), S. 189.

256 Chantal Mouffe/Oliver Marchart: *Exodus und Stellungskrieg. Die Zukunft radikaler Politik*, Wien 2009, S. 17.

257 Isabell Lorey: *Figuren des Immunen*, a.a.O., S. 297.

258 Iris Därmann: *Undienlichkeit. Gewaltgeschichte und politische Philosophie*, Berlin 2020.

259 Hannah Arendt: *Vita activa oder Vom tätigen Leben*, a.a.O., S. 15.

260 Sandro Mezzadra: ›The right to escape‹, in: *Ephemera*, Nr. 3 (2004), S. 267.

261 Hannah Arendt: ›Zur Person‹, a.a.O., ab Minute 41.

262 William Still: *The Underground Railroad records*, a.a.O.

263 Ta-Nehisi Coates: *The water dancer*, New York 2019.

264 Colson Whitehead: *Underground Railroad*, München 2017.

265 Emmanuel Mbolela: *Mein Weg vom Kongo nach Europa. Zwischen Widerstand, Flucht und Exil*, Wien 2014.

266 Manuela Boatc: ›Global Inequalities: Transnational Processes and Transregional Entanglements‹, in: RUDN *Journal of Philosophy 0*, Nr. 1 (2012), S. 117.

267 Peter Nyers/Kim Rygiel: ›Citizenship, Migrantischer Aktivismus und Politiken der Bewegung‹, in: *Grenzregime* II, *Migration, Kontrolle, Wissen, Transnationale Perspektiven*, hrsg. von Lisa-Marie Heimeshoff u. a., Berlin/Hamburg 2014, S. 205.

268 Geoffroy de Lagasnerie: *Die Kunst der Revolte: Snowden, Assange, Manning*, Berlin 2016, S. 110.

269 Wendy Brown: *Walled states, waning sovereignty*, New York/Cambridge, MA 2010, S. 17.

270 Rebecca Solnit: *A Paradise Built in Hell: The Extraordinary Communities That Arise in Desaster*, London 2010.

271 Andreas Kossert: *Kalte Heimat. Die Geschichte der deutschen Vertriebenen nach 1945*, München 2008, S. 324.

272 Manuela Bojadžijev/Serhat Karakayalı: ›Autonomie der Migration‹, a.a.O., S. 205.

273 Sandro Mezzadra: ›The right to escape‹, a.a.O., S. 270.

274 Christian Jakob: *Die Bleibenden*, a.a.O., S. 27.

275 Africavenir: Video interview with Rex Osa, 12.10.2016, https://www.youtube.com/watch?v=MDVXQjKJODk, abgerufen am 10.02.2020.

276 Christian Jakob: a.a.O., S. 167.

277 Sandro Mezzadra: ›The right to escape‹, a.a.O., S. 275.

278 Sandro Mezzadra/Brett Neilson: *Boarder as Method,* a.a.O., S. 87.
279 Manuela Bojadžijev/Serhat Karakayalı: ›Autonomie der Migration. 10 Thesen zu einer Methode‹, a.a.O., S. 208.
280 Gloria Anzaldúa: *Borderlands,* a.a.O.
281 Eva von Redecker: *Bleibefreiheit,* Frankfurt am Main 2023.
282 Sonja Buckel/Judith Kopp: *Fluchtursachen. Das Recht, nicht gehen zu müssen, und die Politik Europas,* Berlin 2022.
283 Alexander Behr: *Globale Solidarität. Wie wir die imperiale Lebensweise überwinden und die sozial-ökologische Transformation umsetzen,* München 2022.
284 Bini Adamczak: *Beziehungsweise Revolution: 1917, 1968 und kommende,* Berlin 2017.
285 Hauke Brunkhorst: *Solidarität unter Fremden,* Frankfurt am Main 2014.
286 Olga Lafazani: ›Homeplace Plaza‹, in: *South Atlantic Quarterly* 117, Nr. 4 (2018), S. 896–904; Sandro Mezzadra: ›Abolitionist vistas of the human‹, a.a.O., S. 424–440.
287 Johannes Siegmund: *Klimasolidarität,* a.a.O.
288 Chandra Talpade Mohanty: *Feminism without borders: decolonizing theory, practicing solidarity,* Durham/London 2003; Chandra Talpade Mohanty: ›'Under Western Eyes' Revisited: Feminist Solidarity through Anticapitalist Struggles‹, in: *Signs 28,* Nr. 2 (2003), S. 499–535.
289 Monika Mokre/Andrea Hummer: *Solidarität als Übersetzung. Überlegungen zum Refugee Protest Camp Vienna,* Wien 2015, S. 229.
290 Lea Susemichel/Jens Kastner (Hrsg.): *Unbedingte Solidarität,* Münster 2021.
291 Sara Ahmed: *Strange Encounters: Embodied Others in Post-coloniality,* London/New York 2000, S. 3.
292 Ida Danewid: ›White Innocence in the Black Mediterranean: Hospitality and the Erasure of History‹, in: *Third World Quarterly 38,* Nr. 7 (2017), S. 683.
293 Daniel Loick/Vanessa E. Thompson: *Abolitionismus. Ein Reader,* Berlin 2022.
294 W. E. B. Du Bois: *The Souls of Black Folk,* New Haven, Conn. 2015.
295 Ruth Wilson Gilmore: *Abolition Geography: Essays towards Liberation,* London/New York 2022.
296 Ebd.
297 Angela Y. Davis: *Abolition: Politics, Practices, Promises. Volume I,* Chicago 2024.
298 Harsha Walia: *Undoing border imperialism,* Oakland 2013; China Medel: ›Abolitionist Care in the Militarized Borderlands‹, in: *South Atlantic Quarterly* 116, Nr. 4 (2017), S. 873–883.
299 Sandro Mezzadra: ›Abolitionist vistas of the human‹, a.a.O., S. 424–444; Martina Tazzioli: *Border Abolitionism: Migrants' Containment and the Genealogies of Struggles and Rescue,* Manchester 2023; Gracie Mae Bradley/Luke De Noronha: *Against borders: the case for abolition,* London/New York 2022.
300 Dimitris Papadopoulos/Vassilis S. Tsianos: ›After Citizenship: Autonomy of Migration, Organisational Ontology and Mobile Commons‹, in: *Citizenship Studies 17,* Nr. 2 (2013), S. 178–196.
301 Nick Estes: *Our History Is the Future: Standing Rock versus the Dakota Access Pipeline, and the Long Tradition of Indigenous Resistance,* London/New York 2019.
302 Thomas Faist: *Exit: Warum Menschen aufbrechen. Globale Migration im 21. Jahrhundert,* München 2022.
303 Stefano Harney/Fred Moten: *Die Undercommons,* a.a.O.
304 Rebecca Solnit: *A Paradise Built in Hell,* a.a.O.
305 Dimitris Papadopoulos/Vassilis S. Tsianos: ›After Citizenships‹, a.a.O., S. 178–196.
306 Michael Hardt/Antonio Negri: *Common Wealth,* a.a.O.
307 https://www.welcome-united.org/de/, abgerufen am 05.01.2021.
308 https://seebruecke.org/, abgerufen am 05.01.2021.

309 Jennifer J. Bagelman: *Sanctuary City: a Suspended State*, New York 2016.

310 Helge Schwiertz/Helen Schwenken: ›Mobilizing for Safe Passages and Escape Aid: Challenging the 'Asylum Paradox' between Active and Activist Citizenship, Humanitarianism and Solidarity‹, in: *Citizenship Studies 24*, Nr. 4 (2020), S. 493–511.

311 Maurice Stierl: ›A Fleet of Mediterranean Border Humanitarians‹, in: *Antipode 50*, Nr. 3 (2018), S. 704–724.

312 https://alarmephonesahara.info/en/, abgerufen am 05.01.2021.

313 Maurice Stierl: ›The WatchTheMed Alarm Phone. A Disobedient Border-Intervention‹, a.a.O.

314 https://afrique-europe-interact.net/, abgerufen am 05.01.2021.

315 Olaf Bernau u. a.: ›Internationalistische Praxis nach dem Internationalismus?‹, in: *phase 2, Zeitschrift gegen die Realität*, Nr. 37, (2010).

316 Emmanuel Mbolela: *Mein Weg vom Kongo nach Europa*, a.a.O.; Rodrigue Péguy Takou Ndie: *Die Suchenden*, Münster 2018.

317 Christian Jakob: *Die Bleibenden*, a.a.O., S. 102.

318 Nicholas De Genova/Nathalie Mae Peutz (Hrsg.): *The deportation regime: sovereignity, space, and the freedom of movement*, Durham 2010.

319 Ulrich Brand/Markus Wissen: *Imperiale* Lebensweise, a.a.O.

320 Pablo Servigne/Raphaël Stevens: *Wie alles zusammenbrechen kann. Handbuch der Kollapsologie*, Wien/Berlin 2022.

321 Robin D. G. Kelley: *Freedom Dreams*, a.a.O.

## LESEN SIE WEITER...

Tim Wihl Wilde Demokratie

Das Recht auf Protest

Freisprüche für politischen Aktivismus sollten keine Gnadenakte sein, sondern verfassungsrechtlicher Anspruch. Tim Wihl erklärt, wie Recht demokratiefördernden Dissens ermöglichen statt verhindern könnte.

Politik. Klappenbroschur. 144 Seiten

Refugees Worldwide 4

Reportagen

Die polarisierten Debatten zum Thema Migration werden immer vehementer. Umso wichtiger ist es, mit Geflüchteten in den Dialog zu treten und von ihren Geschichten zu erfahren.

Herausgegeben von Ulrich Schreiber
WAT 875. Broschiert. 224 Seiten

Livi Bacchi Kurze Geschichte der Migration

Die Geschichte Europas ist eine Jahrhunderte währende Geschichte von Migration. Wenn wir heute unser Territorium in eine nahezu uneinnehmbare Festung verwandeln, bringen wir uns um die Zukunft.

WAT 743. Broschiert. 224 Seiten

Hans-Christian Riechers Europas letzte Festungen

Reise nach Ceuta und Melilla

Dank ihrer außergewöhnlichen Lage mit strategischer Bedeutung waren Ceuta und Melilla Ausgangspunkte des neuzeitlichen Kolonialismus. Heute zeigt sich hier das europäische Grenzregime besonders aggressiv. Gleichzeitig sind sie immer auch Orte faszinierender Vielfalt geblieben.

WAT 855. Broschiert. 176 Seiten mit Abbildungen

Emser Straße 40/41, 10719 Berlin www.wagenbach.de

Covergestaltung Julie August. Gesetzt aus der Meridien und der Brown. Gedruckt und gebunden bei Drukarnia Abedik, Poznań
Printed in Poland. 

ISBN 978 3 8031 3749 4